AI营销

唐跃英 ◎ 著

人工智能助力销售破局

江西科学技术出版社

江西·南昌

图书在版编目（CIP）数据

AI 营销：人工智能助力销售破局 / 唐跃英著.
南昌：江西科学技术出版社，2025. 4. -- ISBN 978-7
-5390-9488-5

Ⅰ. F713.3-39
中国国家版本馆 CIP 数据核字第 2025Z1E089 号

AI营销：人工智能助力销售破局
AI YINGXIAO：
RENGONG ZHINENG ZHULI XIAOSHOU POJU

唐跃英 著

出版 发行	江西科学技术出版社
社址	南昌市蓼洲街2号附1号 邮编：330009 电话：（0791）86623491 86639342（传真）
印刷	定州启航印刷有限公司
经销	全国新华书店
开本	710 mm × 1000 mm 1/16
字数	190千字
印张	12.5
版次	2025年4月第 1 版
印次	2025年4月第 1 次印刷
书号	ISBN 978-7-5390-9488-5
定价	78.00元

国际互联网（Internet）地址：http://www.jxkjcbs.com　　选题序号：KX2025081　　赣版权登字：-03-2025-39
责任编辑：范春龙　　　　　　总策划：杨　青　　　　出版统筹：柴占伟
策划编辑：杜若婷　李浚宁　装帧设计：张　晴　章　越
版权所有　侵权必究

（赣科版图书凡属印装错误，可向承印厂调换）

前言 PREFACE

AI 技术的崛起标志着营销行业的一次重大变革。它不仅改变了品牌与消费者之间的互动方式，还极大地提高了市场分析的精确性和广告投放的效率。AI 的核心价值在于其处理大数据的能力，通过算法模型分析消费者行为，预测市场趋势，从而使营销活动更加精准和高效。

本书《AI 营销：人工智能助力销售破局》旨在探索这一领域的最新发展，通过全面的分析和实际案例，为营销专业人士提供一个系统的操作指南。本书的核心目的是帮助读者理解并实际应用 AI 技术，以创造更有效的营销策略和提升业务成效。

本书开篇部分详细介绍了 AI 技术的基础和发展历程，以及 AI 营销的定义和应用场景，为读者提供了扎实的理论基础。随着技术的发展，多种 AI 工具已被开发并广泛应用于营销活动中，如 ChatGPT、文心一言、通义万相等，它们各有特色，能够满足不同的营销需求。之后的实际操作方面，提供了详尽的步骤，指导读者如何运用 AI 撰写吸引人的商品宣传文案、进行市场趋势分析、设计商品海报、制作营销视频和创造独特的店招。每一章都通过具体的操作指南，结合案例分析，使读者能够看到 AI 技术的实际效果，并鼓励他们实验和应用这些技术以达到最佳营销效果。

本书不仅是一本介绍 AI 营销理论的书籍，更是一本实战手册，旨在帮助营销人员利用 AI 技术解决实际问题，优化营销策略,最终在竞争激烈的市场中脱颖而出。通过阅读本书,营销人员将能够深入理解 AI 技术如何在不同的市场营销环节中发挥作用,以及如何有效地将这些技术融入自己的工作流程中,提升工作效率和业绩表现。为那些希望在新的营销时代中保持领先地位的专业人士提供了必不可少的工具。无论是营销新手还是资深专家,都能从中获得有价值的指导,开启他们的 AI 营销之旅,探索这一领域带来的无限可能。①

本书在写作过程中,使用 AI 软件的问答截图内容均为自动生成,可能存在不足,还请广大读者斧正。

---

① 为了体现演示的真实性,本书完整保留了 AI 软件给出的答案,没有做任何处理,所以其中可能存在部分语法和文字瑕疵,请理解。

目录 CONTENTS

第 1 章 走进 AI 营销

1.1 AI 的崛起
1.1.1 AI 的内涵 /2
1.1.2 AI 的发展 /3

1.2 什么是 AI 营销
1.2.1 AI 营销 /5
1.2.2 AI 营销的诸多应用场景 /6

第 2 章 人工智能软件：AI 营销的法宝

2.1 ChatGPT /10

2.2 文心一言（文小言）、文心一格
2.2.1 文心一言 /13
2.2.2 文心一格 /15

2.3 通义千问、通义万相

2.3.1 通义千问　　　　　　　　　　　　　　　　　　　　　　/ 17
2.3.2 通义万相　　　　　　　　　　　　　　　　　　　　　　/ 20

2.4 可灵大模型　　　　　　　　　　　　　　　　　　　　　　　/ 21

第 3 章　手把手教你用 AI：撰写商品宣传文案

3.1 商品宣传文案及撰写要点

3.1.1 商品宣传文案　　　　　　　　　　　　　　　　　　　　/ 26
3.1.2 撰写商品宣传文案的要点　　　　　　　　　　　　　　　/ 27

3.2 文心一言操作介绍

3.2.1 登录　　　　　　　　　　　　　　　　　　　　　　　　/ 30
3.2.2 主页面　　　　　　　　　　　　　　　　　　　　　　　/ 32
3.2.3 对话　　　　　　　　　　　　　　　　　　　　　　　　/ 37
3.2.4 文件解析、图片解析　　　　　　　　　　　　　　　　　/ 38
3.2.5 文心一言提示词　　　　　　　　　　　　　　　　　　　/ 40

3.3 文心一言撰写商品宣传文案的步骤

3.3.1 常规宣传文案　　　　　　　　　　　　　　　　　　　　/ 42
3.3.2 其他类型宣传文案　　　　　　　　　　　　　　　　　　/ 45

3.4 文心一言商品宣传文案集锦　　　　　　　　　　　　　　　　/ 50

第 4 章　手把手教你用 AI：定位市场发展趋势

4.1 DeepSeek 做好市场分析
- 4.1.1 消费者行为分析 /58
- 4.1.2 竞争对手分析 /62

4.2 DeepSeek 预测行业未来走向
- 4.2.1 分析行业历史数据 /68
- 4.2.2 洞察行业潜在机遇 /70

4.3 DeepSeek 制订促销方案
- 4.3.1 如何制订促销方案 /74
- 4.3.2 家具用品促销方案制作步骤 /77
- 4.3.3 数码产品促销方案制作步骤 /82

第 5 章　手把手教你用 AI：生成商品海报

5.1 通义万相操作介绍
- 5.1.1 登录 /88
- 5.1.2 页面介绍 /90
- 5.1.3 文字作画 /96
- 5.1.4 视频生成 /103

5.2 通义万相海报设计

5.2.1 创意描述生图 / 106
5.2.2 创意模板生图 / 110
5.2.3 图片作品重绘与优化 / 116

5.3 优质 AI 海报展示

5.3.1 都市宣传海报 / 124
5.3.2 智能手表海报 / 125
5.3.3 半山民宿海报 / 126
5.3.4 智能家居海报 / 127
5.3.5 汽车宣传海报 / 128
5.3.6 咖啡机宣传海报 / 129
5.3.7 口红宣传海报 / 130
5.3.8 护肤品宣传海报 / 131

第 6 章 手把手教你用 AI：制作营销视频

6.1 AI 视频影响力超乎你想象

6.1.1 AI 视频 / 134
6.1.2 AI 视频席卷市场 / 135
6.1.3 AI 视频具备长远发展潜力 / 135

6.2 可灵大模型操作介绍

6.2.1 登录 / 137
6.2.2 页面介绍 / 140
6.2.3 视频制作步骤 / 147

6.3 可灵文生视频

- 6.3.1 游戏营销视频 / 153
- 6.3.2 旅游营销视频 / 154
- 6.3.3 服装营销视频 / 156
- 6.3.4 香水营销视频 / 157

6.4 可灵图生视频

- 6.4.1 露营桌椅营销视频 / 159
- 6.4.2 文创杯具营销视频 / 164
- 6.4.3 汽车营销视频 / 168

第 7 章 手把手教你用 AI：店招制作技巧

7.1 店招设计

- 7.1.1 店招 / 174
- 7.1.2 店招的设计要求 / 175

7.2 AI 店招制作指南

- 7.2.1 烘焙糕点店 AI 店招制作 / 177
- 7.2.2 珠宝店 AI 店招制作 / 184

写在最后 / 190

在科技浪潮的席卷下,营销领域正经历着前所未有的变革。AI,作为这场变革的核心驱动力,正重塑着传统营销的版图。它以精准洞察消费者需求,创新互动形式,为企业营销带来无限可能。现在,就让我们一同走进 AI 营销的奇妙世界,探索其奥秘与机遇。

走进 AI 营销

第 1 章

1.1 AI 的崛起

1.1.1 AI 的内涵

人工智能（Artificial Intelligence，简称 AI）是现代科技发展的重要成果之一，是通过计算机系统模拟人类处理问题的智能化过程。这一领域的发展依赖于复杂的算法和海量数据的处理，使机器能够执行学习、推理、感知、自然语言处理和决策等原本需要人类智能才能完成的任务。

AI 技术具有自我学习和决策的能力，通过机器学习和深度学习等方法，人工智能能从数据中自动提取知识，自主优化其行为以适应新环境或要求。这种能力使得 AI 可以在医疗诊断、股市分析、个性化教育等多个领域展现出其他技术难以匹敌的强大优势。随着技术的不断进步，人工智能的应用已经扩展到日常生活中的许多方面。例如，智能助手能够理解并执行语音命令，自动驾驶车辆能够在复杂的交通环境中安全行驶，智能推荐系统能够根据用户的喜好和行为历史定制内容，极大地增强了用户体验。未来随着人工智能技术的进一步发展，AI 有望在更多领域展示其潜能，推动社会进步和经济增长。

关于人工智能的定义，20 世纪前中期普遍认可的看法是：智能主体是指一种能够观察周遭环境并作出行动以达到目标的系统。广义上讲，人工智能可以定义为模仿人类与人类思维相关的认知功能的机器或计算机。这些认知功能包括学习、解决问题等。实际上，现今的人工智能已成为计算机科学的一个分支，目标是在机器中实现这些认知功能。

目前，AI 涵盖许多复杂的学科和技术，尽管其研究领域属于各个细分的独立体系，诸如专家系统、启发式算法、自然语言处理和计算机视觉等，但是这些系统也时有交叉，这促进了 AI 领域的融合创新发展。

当前，人工智能的研究仍在不断推进，并且划分成强人工智能和弱人工智能。弱人工智能（Narrow AI）尤其在影像识别、自然语言处理和棋类游戏等特定任务中，取得了显著的进展，甚至在某些方面超越了人类的水平。例如，AI 通过大量数据训练，能够在照片识别中展现惊人的准确性；通过语义理解，AI 可以与人类展开复杂的对话；在围棋等复杂棋类游戏中，AI 通过策略推演，击败了顶尖的职业棋手。强人工智能（Strong AI），即具备独立思考能力、能够执行一切人类智能任务的系统，仍然是科技界尚未攻克的挑战。为了实现强人工智能，各界研究人员探索了各种路径，包括使用统计学、计算智能等方法，并将认知心理学、概率论和经济学的算法引入 AI 的设计中。随着这些理论与技术的不断进步，通向全面 AI 的目标似乎渐行渐近，但科学家们依然面临许多复杂的技术问题。

人工智能的快速发展，逐渐打破了人类的想象力边界。随着技术的不断革新，AI 正一步步走进我们的生活，成为我们工作、学习、娱乐不可或缺的伙伴。

1.1.2 AI 的发展

人工智能的发展是一段漫长的过程，最初，人们对人工智能的了解非常模糊，但经过数十年的努力，人工智能如今已经渗透到社会的各个角落，极大地改变了我们的工作方式和生活模式。

人工智能的初期研究可追溯到 1943 年，由神经科学家沃伦·麦卡洛克和逻辑学家沃尔特·皮茨首次提出。他们试图模拟人脑的神经网络，开启了对机器模拟人类智能的探索。1950 年阿兰·图灵发表的《计算机器与智能》论文及其提出的"图灵测试",进一步定义了机器智能的评价标准,为后来的人工智能研究奠定了理论基础。

1956年,约翰·麦卡锡在达特茅斯会议上首次提出"人工智能"这一术语,标志着人工智能作为一个独立学科的诞生。这一时期,人工智能研究获得了快速发展,研究者们试图通过建立算法和模型,让机器能够执行包括语言理解、问题解决等复杂的智能行为。

20世纪70年代,由于技术和理论的局限,人工智能研究进入了第一个"寒冬",许多研究项目因资金枯竭而停滞。但在这一时期,一些研究者并没有放弃,而是转向更具体的研究领域,如模式识别和信息学,这些领域后来都证明对人工智能的发展至关重要。

20世纪80年代末,随着计算能力的增强和专家系统的兴起,人工智能研究获得新的生机。专家系统的开发,使得计算机能够在特定领域内模拟专家的决策过程,处理复杂的问题,如医疗诊断、地质勘探等。这一时期,人工智能在象棋等领域显示出了超越人类的潜力,尤其是IBM的"深蓝"计算机,在1997年击败世界象棋冠军加里·卡斯帕罗夫,成为历史性的里程碑。

进入21世纪,随着大数据、云计算和物联网技术的兴起,人工智能的发展迎来了黄金时期。深度学习的兴起极大地增强了机器的学习能力,使其在图像识别、自然语言处理、自动驾驶等领域达到了前所未有的高度。

今天,人工智能不仅是研究室的热门话题,其应用已经扩展到消费者电子、医疗、金融等多个行业,从智能助手到自动化系统,人工智能正在逐步实现其在提高生产效率、改善人类生活质量方面的巨大潜力。

1.2 什么是 AI 营销

1.2.1 AI 营销

2023 年以来，AI 技术领域进入火热发展期，成为各大峰会的主要议题之一。伴随 AI 基础技术不断完善，AI 技术能够为人类完成的工作项目愈发丰富，无论是基本的文案创作、语言翻译，还是 PPT 制作、海报创作、优质视频生成等，都变得更加容易。因此 AI 在更多领域和市场的深入研究快速展开，当然，也包括"AI+营销"，那么 AI 营销又将产生怎样的奇妙化学反应呢？

AI 营销，可以利用数据分析和自动化等技术来提升市场营销的效率和效果。AI 营销的核心在于使用机器学习和深度学习算法处理大量的消费者数据，从而洞察消费者行为和偏好，实现营销活动的个性化和精准化。可见，AI 营销具有人工营销所不具备的部分优势。随着 AI 支持技术的发展，AI 已经能够在各个环节中自动化执行营销策略，包括内容创建、客户服务和广告投放等。利用 AI 技术，烦琐的文案撰写工作、视频创作工作及市场数据分析环节都变得轻而易举。例如，通过分析历史数据和实时反馈，AI 可以自动调整邮件营销的发送时间和内容，以提高用户的打开率和互动率。又如，AI 在客户服务中的应用，聊天机器人能够提供全天候的即时响应，还能通过持续学习提升服务质量，极大地提高了客户满意度。

1.2.2 AI营销的诸多应用场景

"AI+营销"逐渐渗透诸多行业，成为营销领域的热门话题。目前AI营销在诸多应用场景发挥作用。

随着AI技术的飞速发展，其在营销领域的应用已经大大超越了传统方法，为营销人员提供了前所未有的便利和效率。在这个数据驱动的时代，AI能够撰写宣传文案，生成宣传海报和视频广告，极大地丰富了营销的表达形式和传播效果。利用AI撰写宣传文案。AI系统通过学习大量的市场数据、消费者行为和品牌信息，能够生成吸引人的文案，语言上符合品牌调性，而且能够触及目标消费者的心理需求。在视觉营销方面，AI通过高级的图像识别和图像生成技术，自动设计出符合品牌形象的宣传海报。利用AI技术，企业可以快速生成高质量的视频内容。例如，AI可以根据用户的观看历史和偏好，自动调整视频内容的长度、风格和信息重点，以提高用户的观看率和互动度。

借助AI技术，传统市场营销可以跳出固有的框架，开创AI市场调研的新纪元。目前，大量的数据分散在许多平台上面，营销专员如果想要利用传统方法进行市场调研，去一步一步进行收集和分析，需要耗费大量的精力。如果利用AI技术，能够快速有效完成相关工作，避免巨大工作量，提高工作效率，为市场调研提供有力支持。

AI技术的大数据分散功能可以帮助市场营销专员提升媒介效能，实现智能化投放，极大地减轻工作人员的压力。通过大数据模型训练，AI软件深度学习后可以结合历史记录，以及市场预期进行智能投放。更重要的是，AI还能在投放过程中智能避免违规内容和敏感信息，确保合规合法。

随着科技的快速发展，特别是人工智能技术的突飞猛进，市场上涌现了大量的 AI 软件，这些软件在很大程度上改变了人们的工作方式，提高了工作效率，增强了工作的精准性。从自动化的办公软件到智能化的数据分析工具，再到客户服务中的聊天机器人，各种 AI 应用正在逐渐渗透到商业操作的每一个角落。接下来，我们将对市面上的主流 AI 软件进行一次大盘点，以便更好地理解它们各自的功能和特点。

人工智能软件：
AI 营销的法宝

第 2 章

2.1 ChatGPT

ChatGPT 自从 2022 年 11 月底由 OpenAI 推出以来，迅速在互联网上引起广泛关注，并成为热议的焦点，见图 2-1。

作为一款基于深度学习的自然语言处理模型，ChatGPT 凭借其卓越的语言理解和生成能力，提供了前所未有的用户交互体验。这款 AI 工具能够通过庞大的数据库进行学习，模仿人类的语言交流方式，其在对话中展现的实时调整能力，使其能够根据对话上下文的变化灵活应对，显示出高度的适应性和可塑性。

随着与用户的互动不断增多，ChatGPT 能逐步学习并模仿用户的对话风格和偏好，从而提供更加个性化的交流体验。它的用途远不止作为聊天伙伴那么简单，ChatGPT 还能撰写文章、邮件、剧本及广告文案，甚至完成翻译和编程任务。这些广泛的功能，使得 ChatGPT 成为许多行业专业人士的重要助手。

2024 年，OpenAI 继续推动 ChatGPT 的技术进步和平台拓展。ChatGPT 已经推出了适用于 Android 系统的应用，发布了桌面客户端，并引入了语音对话功能，使得用户与 AI 的交互方式更加多样化，更贴近日常生活。最近，OpenAI 宣布允许免费用户每天使用其 DALL-E 3 模型创建图像，这一策略不仅让更多普通用户能够亲身体验 AI 技术的魅力，也大大推动了 AI 技术的普及和发展。

随着更多功能的加入和用户基础的扩大，ChatGPT 正在积累更多的交互数据，这些数据将进一步提升其性能和服务质量，使其成为一个更加强大和多功能的 AI 平台。

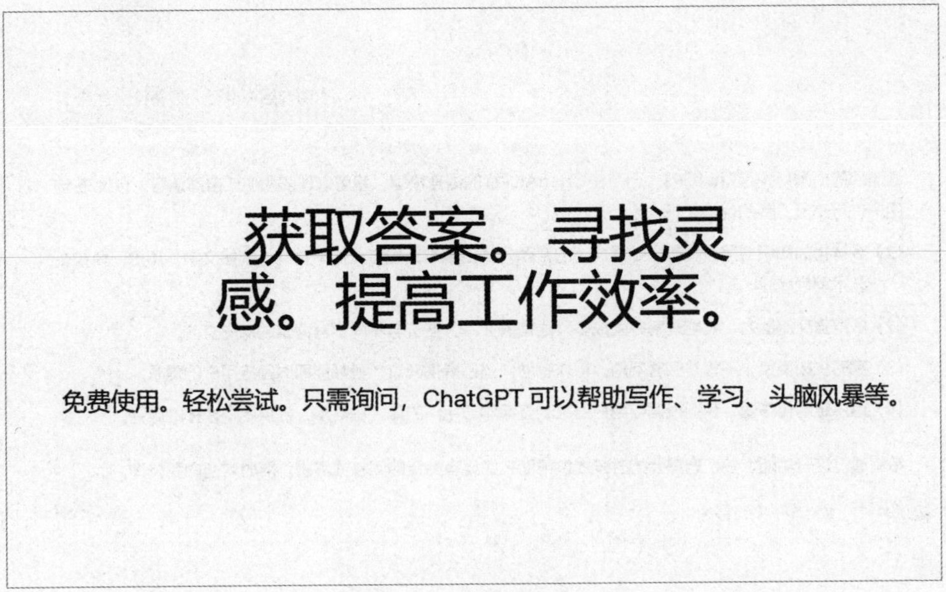

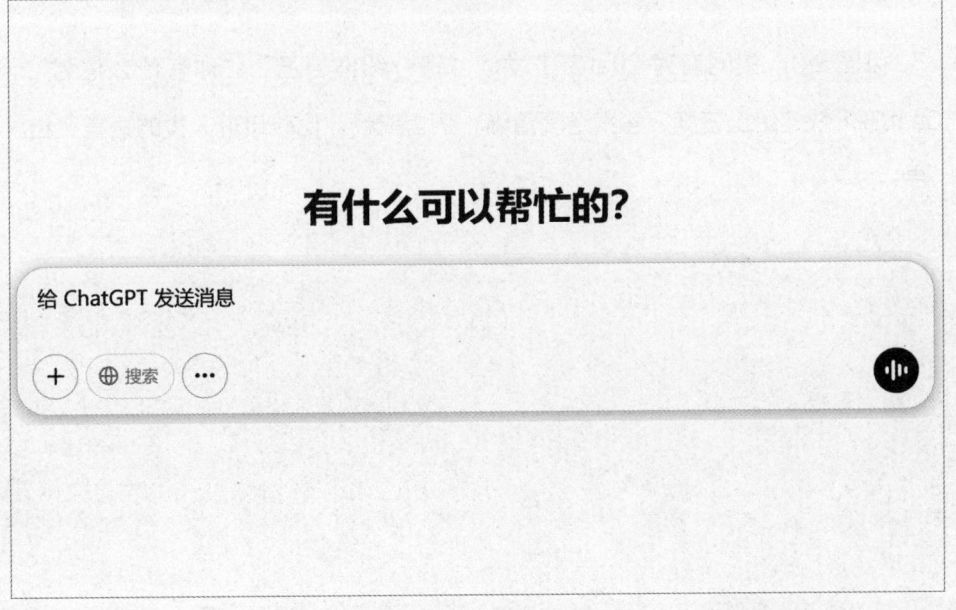

图 2-1 ChatGPT 官网页面

图 2-2 ChatGPT 聊天页面

见图 2-2，在对话框中输入问题，点击 Enter 键，ChatGPT 就能够快速根据提问者问题中的关键词给出答复。

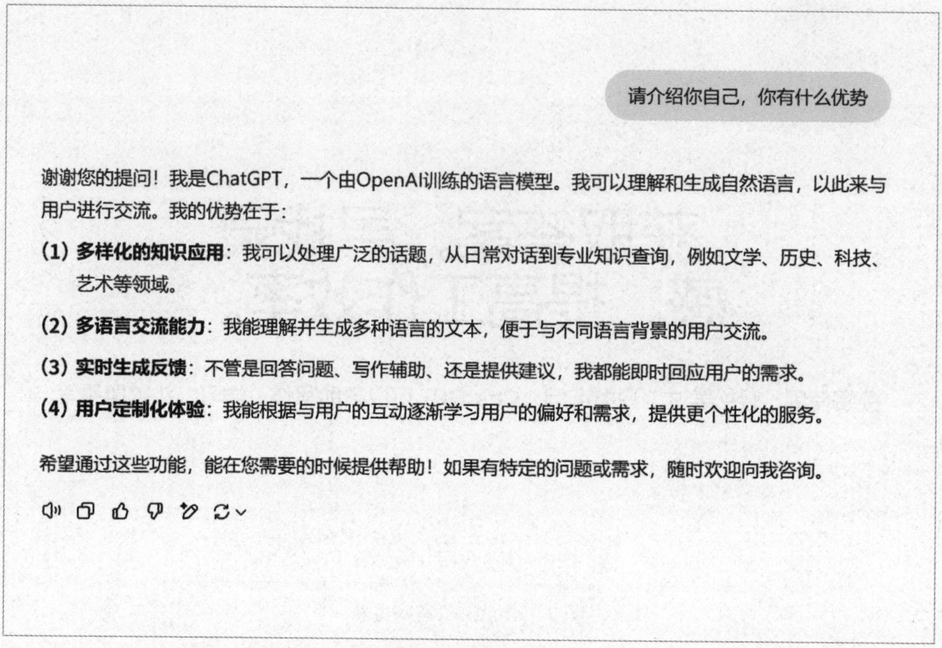

> 请介绍你自己，你有什么优势

谢谢您的提问！我是ChatGPT，一个由OpenAI训练的语言模型。我可以理解和生成自然语言，以此来与用户进行交流。我的优势在于：

(1) **多样化的知识应用**：我可以处理广泛的话题，从日常对话到专业知识查询，例如文学、历史、科技、艺术等领域。

(2) **多语言交流能力**：我能理解并生成多种语言的文本，便于与不同语言背景的用户交流。

(3) **实时生成反馈**：不管是回答问题、写作辅助、还是提供建议，我都能即时回应用户的需求。

(4) **用户定制化体验**：我能根据与用户的互动逐渐学习用户的偏好和需求，提供更个性化的服务。

希望通过这些功能，能在您需要的时候提供帮助！如果有特定的问题或需求，随时欢迎向我咨询。

图 2-3 ChatGPT 自我介绍

见图 2-3，提问者对 ChatGPT 发问"请介绍你自己""你有什么优势"，ChatGPT 快速给出答案，答案逻辑清晰，语言流畅，比较接近人类的语言风格。

2.2 文心一言（文小言）、文心一格

文心一言和文心一格是文心大模型家族的成员，随着技术的不断进化，文心一言的 App 版本更名为"文小言"（鉴于习惯原因，接下来的介绍将沿用文心一言）。

2.2.1 文心一言

文心一言（ERNIE Bot）是百度公司开发的聊天机器人，自 2023 年 8 月 31 日开放给大众用户使用，见图 2-4。

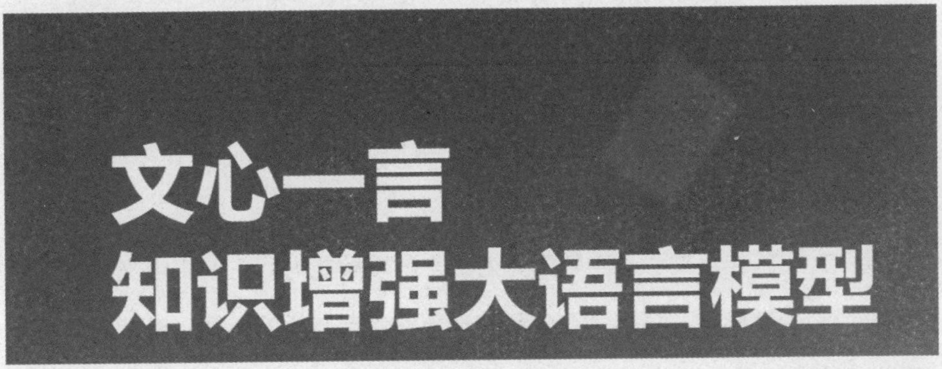

图 2-4 文心一言主页面

截至 2024 年 4 月 16 日，文心一言用户数已突破 2 亿，API 日均调用量也突破了 2 亿，服务客户数 8.5 万，千帆平台 AI 原生应用数超过了 19 万。2024 年 9 月 4 日，文心一言 APP 升级为"文小言 APP"。

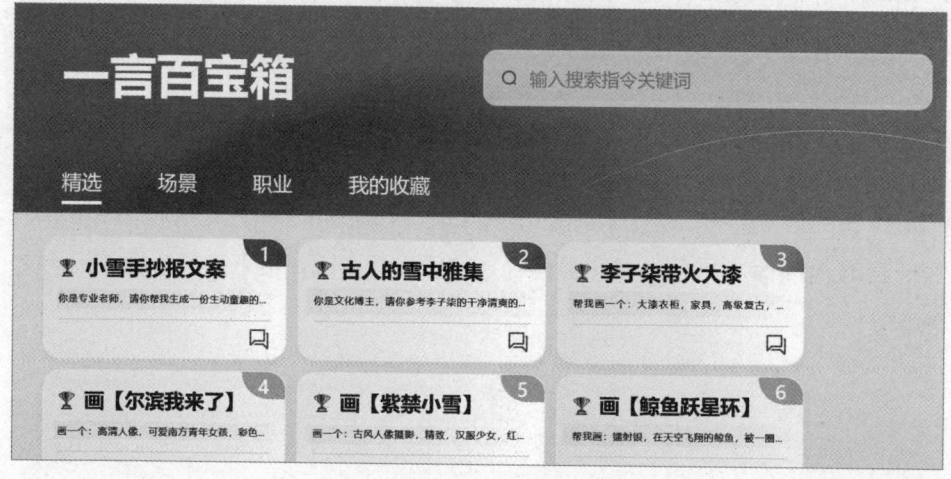

图 2-5 文心一言"百宝箱"

见图 2-5，文心一言具有"百宝箱"功能，点击主页面左侧选项栏的"百宝箱"，即可开启，为使用者提供丰富的选择。使用者可以根据场景、职业，甚至更加细致的需求，向文心一言发问。

文心一言具备五个场景综合能力，包括文学创作、商业文案创作、数理推算、中文理解、多模态生成。

文学创作，文心一言能够模仿各种文学风格和流派，通过深度学习文学作品的语言风格和叙事技巧，生成具有使用价值的创新内容，为作家提供灵感，还可作为文学教育的辅助工具。

商业文案创作，文心一言利用其对语言的理解能力，生成广告文案、市场营销材料和公关稿件。根据企业的品牌形象和目标市场的特征，设计出符合市场需求的创意文案。

数理推算，处理和分析逻辑问题，支持科研人员和工程师在复杂计算和数据分析中找到优解。

中文理解，理解和生成标准的现代汉语，还能够处理包括古文在内的各种中文文本。适用于中文教育和历史研究，能够帮助用户深入理解中文的丰富表达和深层含义，增强跨文化交流的能力。

多模态生成，用户可以创建具有视觉、听觉元素的多媒体演示文稿，极大丰富信息呈现的方式，为广告制作、教育教材开发等工作提供一定的便捷性。

2.2.2 文心一格

文心一格是百度依托飞桨、文心大模型的技术创新，推出的 AI 艺术和创意辅助平台。和文心一言不同，文心一格的侧重点在于优质图片生成，擅长在视觉设计领域工作中打造更具吸引力的作品，见图 2-6。

图 2-6 文心一格主页面

文心一格的最大特色是：①一语成画，智能生成。使用者通过输入简单的提示词语言，就能够让AI创意作画，可以进一步进行图片优化，让创意元素更加丰富；②东方元素，中文原生。文心一格能够较好地理解中文语境，生成作品具备东方元素；③多种功能，满足体验。图片改尺寸、一键变高清等功能有利于优化图像作品。

2.3 通义千问、通义万相

2.3.1 通义千问

通义千问是阿里云推出的一款先进的语言模型,其名字源于古代典籍《汉书》中的一句话,意指"普遍适用的道理和法则"。这一名称不仅体现了该模型在语言处理上的广泛适用性,也寓意着其在多种场景下的实用价值。自2023年9月13日向公众开放以来,通义千问已经显示出其强大的功能和实用性。2023年9月25日,阿里云进一步宣布,其140亿参数的通义千问模型Qwen-14B及其对话版本Qwen-14B-Chat,将对外免费开放并可商用。这一策略的实施,将使更多的企业和开发者能够利用这一平台,开发出更多创新的应用程序和服务,见图2-7。

图2-7 通义千问主页面

通义千问的主要强项在于其卓越的语言处理能力,能够支持各种办公和学习功能,极大地提高工作和学习效率。其中,实时记录功能可以帮助用户捕捉会议或讲座中的关键信息;阅读助手功能能够帮助用户快速理解和总结大量文本资料;而PPT创作工具则可以协助用户迅速制作出专业的演示文稿。这些工具的设计旨在简化用户的日常任务，让复杂的工作流程变得更加轻松。模型本身在速度和效率方面表现出色，提供了一个简洁直观的对话界面，用户可以轻松访问"对话""效率"和"智能体"等主要功能。随着技术的不断完善和发展，通义千问正在逐渐成为企业和个人用户不可或缺的助手。它不仅能够助力办公自动化，还能通过提供智能化的解决方案来解决各种语言处理相关的问题，展现出了巨大的潜力和广泛的应用前景，见图2-8。

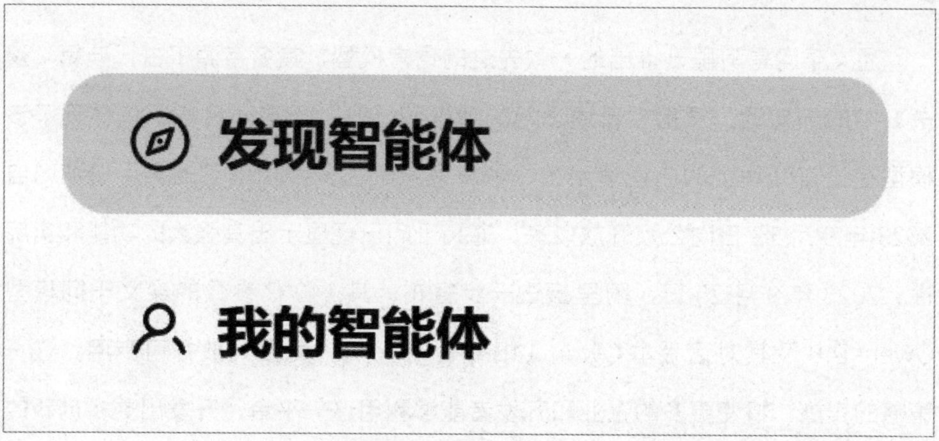

图2-8 通义千问智能体（1）

通义千问智能体具有多种针对性、专业化的模块，使用者可以根据自己的使用场景和具体需求，进入智能体并选择合适的模块，获得专业化的建议。"文本改写专家""文本润色大师"等擅长文字内容创作和优化；"AI法律顾问"的侧重点则放在了法律及其相关领域，如果使用者有相关的问题，可以直接点击，向AI法律专家提问，获取法律帮助，见图2-9。

会播报的石膏像

讲述艺术历史趣闻的智慧雕塑

♡ 80+   🔥 1.9万+   @ 通义官方

文本润色大师

润色大师~下笔如有神

♡ 1000+   🔥 26.8万+   @ 通义官方

图 2-9 通义千问智能体（2）

2.3.2 通义万相

通义万相，是阿里云通义大模型旗下 AI 绘画创作模型，该模型可辅助使用者进行图片创作，于 2023 年 7 月 7 日正式上线，见图 2-10。

图 2-10 通义万相主页面

通义万相擅长处理图像领域的诸多任务，可以通过对配色、布局、风格等图像设计元素进行操作，为使用者提供高度可控性和较强自由度的图像作品。例如，通义万相能够完成基本的文生图任务，根据简单或复杂的文字内容生成；能够根据相似相近的图片，生成原始图片基础上具有一定创意性的内容，包括创意发散生图等形式，均可由使用者自由选取。又如，模型支持图像风格迁移，使用者能够通过上传原图，将原图定义为指定风格。

2.4 可灵大模型

可灵（KLING），是快手 AI 团队自研的视频生成大模型，见图 2-11。

图 2-11 可灵大模型主页面

可灵大模型主要具有文生视频、图生视频，以及视频续写功能，见图 2-12。

图 2-12 文生视频

文生视频：输入合理的提示词，如"一个男人骑着马在戈壁沙漠飞奔，背后美丽的夕阳，电影级别画面""小男孩在花园里骑自行车经历秋冬春夏四季变换"等，大模型可进行推理优化，生成符合基本运动规律的视频内容。

图 2-13 图生视频

图生视频：上传图片，大模型将解析图片，并根据图片的要素将静态图片转化为 5 秒动态视频，配上差异性的文本输入，可以生成多种多样的运动效果，见图 2-13。

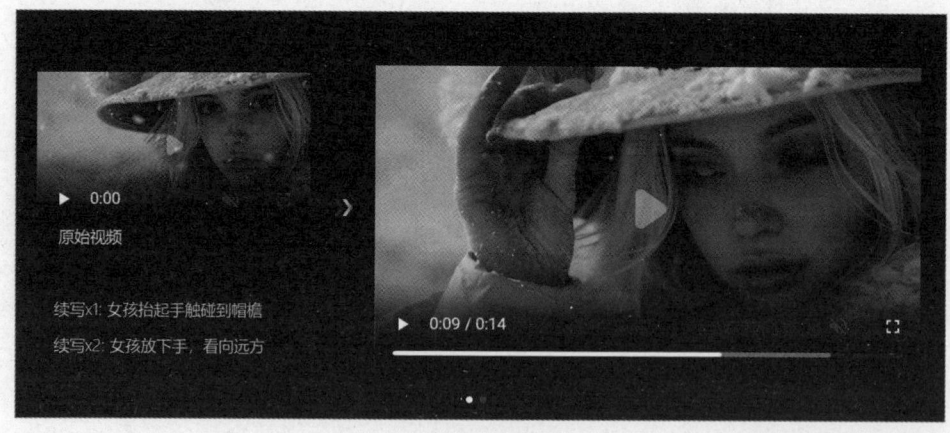

图 2-14 视频续写

视频续写：可灵大模型可以对已经生成完毕的视频模板进行续写和扩展，让视频的运动延时 4.5 秒，为创作者提供更加充分的支持，见图 2-14。

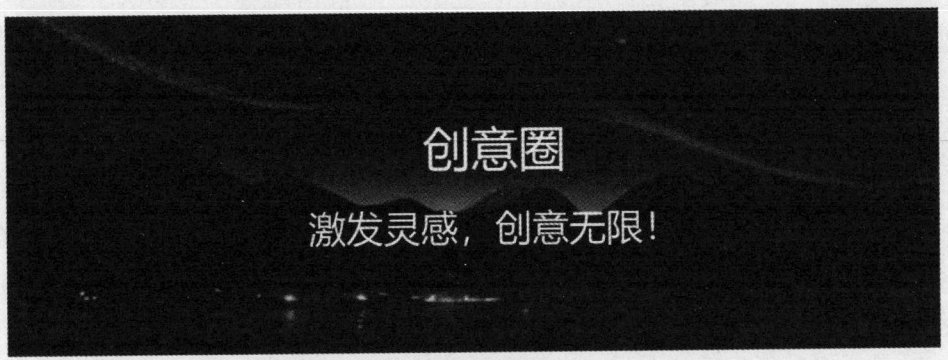

图 2-15 创意圈（1）

图 2-16 创意圈（2）

"可灵大模型"的"创意圈"板块通常聚焦于展示由短视频达人利用 AI 技术创作的视频案例，这些案例充分展示了 AI 在视频制作和内容创新中的广泛应用，提供了丰富的灵感展示给其他创作者，见图 2-15 和图 2-16。

温馨提示：由于 AI 软件只是语言模型训练的产物，并不具备自我意识，所生成的内容可能并不是使用者所期望的，所以还需要进行进一步修改和优化，从而提高内容的准确性。

在本章中，笔者将带领读者探索如何使用文心一言这一 AI 工具来撰写商品宣传文案。随着 AI 技术的发展，利用 AI 工具，根据产品特性和市场需求生成有力的宣传材料，已经成为重要趋势。本章旨在帮助读者理解文心一言 AI 软件的文字生成功能，教授实际操作技巧，以便读者能够快速提升宣传文案的质量和创作效率。

手把手教你用 AI：
撰写商品宣传文案

第 **3** 章

3.1 商品宣传文案及撰写要点

在学习如何使用 AI 软件撰写商品宣传文案之前，有必要对商品宣传文案及其撰写要点进行一个简要的介绍，以便于保证后续 AI 生成文案的高效性和准确性。

3.1.1 商品宣传文案

商品宣传文案，是激发消费者购买欲望、传递商品价值及品牌文化的关键。随着数字化和网络化的快速发展，商品宣传文案的重要性越来越被行业重视。简而言之，商品宣传文案是在电子商务平台中创作的文本材料，旨在推动商品销售。这些文案通常包括详尽的商品描述、吸引人的广告语、促销信息以及品牌故事等。通过使用精确且吸引人的语言，商品宣传文案影响潜在客户的购买决策，成为连接消费者与产品的重要桥梁。

撰写商品宣传文案，目的是通过各种文案技巧来提升用户体验和购买转化率。高质量的商品宣传文案不仅清晰传达产品功能和优势，而且能够触动消费者的情感，促使他们作出购买决定。文案的效力直接影响电商活动的成功，一方面能有效吸引消费者注意，增强商品吸引力，提升点击率和转化率；另一方面，它还是塑造品牌形象和传播文化的重要手段，帮助企业与消费者建立情感联系。

商品宣传文案的核心特点包括明确的目标、精练的语言、丰富的情感和独特的创意。文案内容应紧密围绕销售目标，每个词都要精确传达信息，避免冗长描述。通过故事化或情感化元素，文案应能引起消费者的共鸣。此外，创意新颖的文案更容易吸引消费者注意，在竞争激烈的市场中脱颖而出，为电商平台带来更多关注和销售。

3.1.2 撰写商品宣传文案的要点

撰写商品宣传文案应当具备以下几个要点。

3.1.2.1 明确的目标受众

撰写有效的文案首先需要明确并深入了解目标受众的需求、兴趣和行为，这是确保文案能够触动并吸引特定人群的基石。分析目标受众包括了解他们的年龄、性别、教育背景、职业及更为深层的心理特征和生活习惯。这样的分析帮助文案创作者为不同的群体量身定制内容，确保语言、内容和调性与受众的实际情况相契合。

通过市场调查和社交媒体分析等手段，可以有效把握受众当前的兴趣点和未满足的需求，从而使文案更加针对性强，并易于引起共鸣。调整文案的语言和调性，能够帮助营销人员适应不同受众的接受方式，年轻人可能更倾向于轻松幽默的风格，而专业人士可能更青睐严谨和事实性强的表达。合适的语言和调性能够使文案更加生动，更容易被目标受众接受。

3.1.2.2 独特的商品卖点

在创作销售文案时，营销人员应通过文字准确传达商品的独特卖点，一个清晰的卖点能快速吸引顾客的注意力，能使产品在激烈的市场竞争中脱颖而出。商品的卖点应当集中展示产品解决问题的能力或其相对于竞争对手的优势，这种表达需要简洁明了，让潜在顾客能够迅速理解选择该产品的理由。文案要明确商品解决的具体问题。每一款产品都是为了满足消费者的某种需求或解决特定问题而设计的。例如，一个具有先进滤水技术的净水器，其卖点可以是提供更安全、更纯净的饮用水，直接回应消费者对健康饮水的关切。要突出产品相较于竞争对手的优势，在市场上，同类产品往往功能相似，因此，明确指出产品的独特之处是吸引顾客的关键。这可以是技术创新、价格优势、额外功能、设计独特性或者更优质的客户服务等方面。

3.1.2.3 吸引人的标题

标题，是潜在读者第一次接触内容的点，往往决定了读者是否会继续向下阅读。一个有效的标题能够迅速吸引人们的注意力，激发他们的好奇心或需求感，引导他们进一步探索文案内容。标题需要具有针对性和吸引力，应当直接且简洁地表达出文案的核心主题，激起读者的好奇心。好的标题往往包含动人的动词、独特的形容词或具体的数字，这些元素能够有效地抓住读者的视线和心理，增加他们点击和阅读的可能性。标题应该能够触及读者的需求或解决他们的问题。这意味着标题不仅要有吸引力，还要与读者的实际需求和兴趣紧密相关。例如，针对希望提高生活质量的人群，一个关于"5种简单步骤改善您的日常生活"的标题可能会非常有效，因为它直接对应了他们的需求和兴趣。为了提高标题的效果，可以利用人们的情感驱动，如恐惧、欢乐、好奇或惊讶。情感化的标题更容易引起共鸣，激发读者的情感反应，促使他们进行点击。例如，"你不会相信这5个简单习惯如何改变了我的健康！"这样的标题，通过调动好奇心和惊讶感，吸引读者想要发现背后的秘密。

3.1.2.4 情感共鸣性

成功的商品营销文案能够触动人心，通过建立情感共鸣，让潜在消费者与品牌或产品建立深刻的情感联系。情感共鸣的核心在于理解和利用消费者的需求，通过这些情感触点，文案可以更深层次地与读者连接。例如，家居产品的广告可能会强调家的温馨和安全，这直接关联到人们对安全和温暖的基本需求。情感共鸣还可以通过共享价值观来加强，当品牌的价值观与消费者的价值观相匹配时，消费者更可能感到一种深刻的连接，如环保品牌通过强调其产品的可持续性和对环境的正面影响，可以吸引那些关心环境保护的消费者。

3.2 文心一言操作介绍

3.2.1 登录

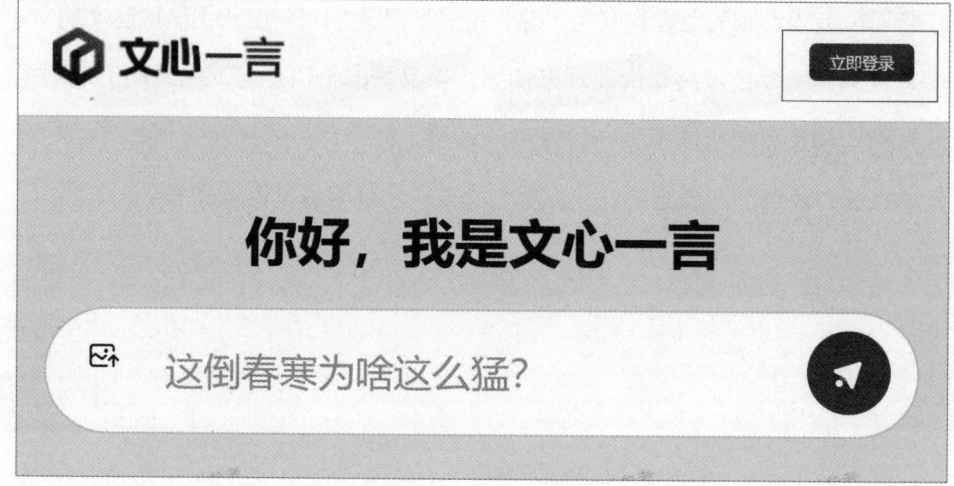

图 3-1 登录（1）

在浏览器搜索文心一言，打开文心一言登录界面，见图 3-1。在使用文心一言之前，要先登录，在界面的右上角，可以看到"立即登录"选项，左键单击，会出现多种登录方式，使用者根据自己的日常使用习惯，选择登录方式即可。

图 3-2 登录（2）

见图 3-2，登录文心一言的方式基本包括百度 APP 扫码登录、新浪微博登录、微信登录、腾讯 QQ 登录、账号登录、短信登录等。

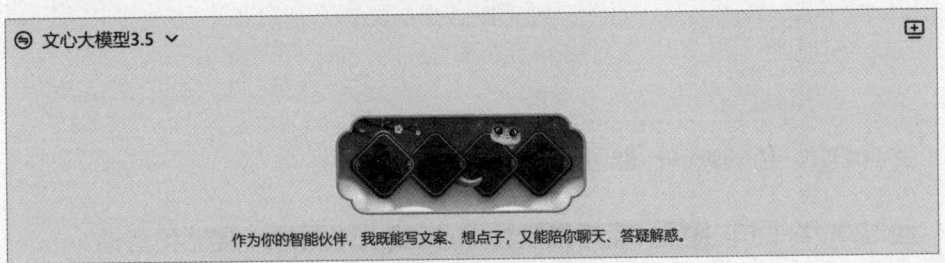

图 3-3 登录（3）

登录成功后，跳转至文心一言主页面，见图 3-3。在主页面，使用者能够进行多项常规操作，这就涉及接下来要讲的问题：主页面介绍。

3.2.2 主页面

进入主页面，可大致将文心一言的操作选项分为两个版块，红线左侧为进阶版块（版块2），红线右侧为常规版块（版块1），文心一言主页面见图3-4和图3-5。

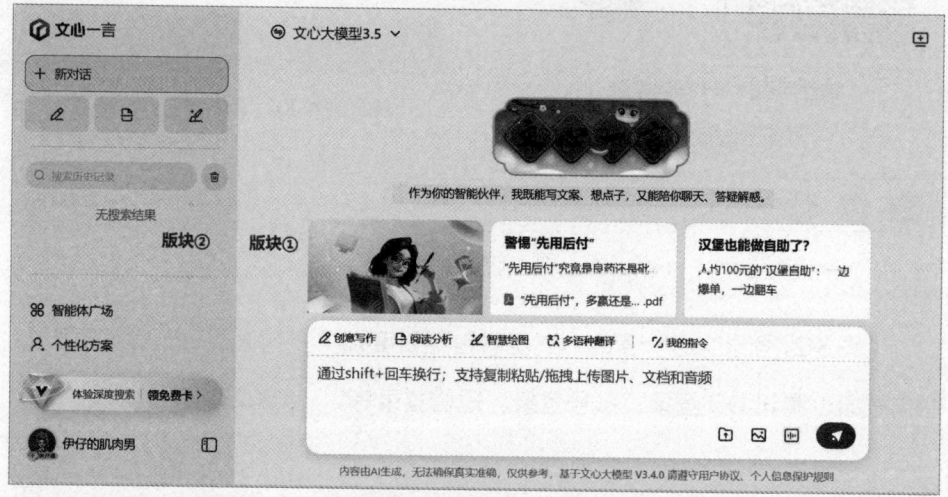

图 3-4 主页面介绍（1）

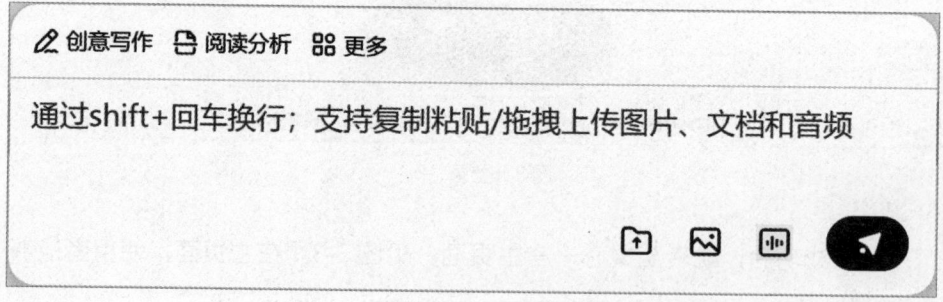

图 3-5 主页面介绍（2）

在版块1，使用者可进行多种文字类的基本操作，主要包括创意写作、文档分析、网页分析、多语种翻译。同时使用者还可以上传文件或图片，让文心一言根据上传内容进行解析说明，或者根据上传内容改写、扩写，具有很强的操作自由度。

图 3-6 主页面介绍（3）

在版块 2，使用者能够进行个性化操作，也可以进入百宝箱或智能体广场，找寻符合自己具体需求的应用模块，智能体广场与个性化方案见图 3-6。

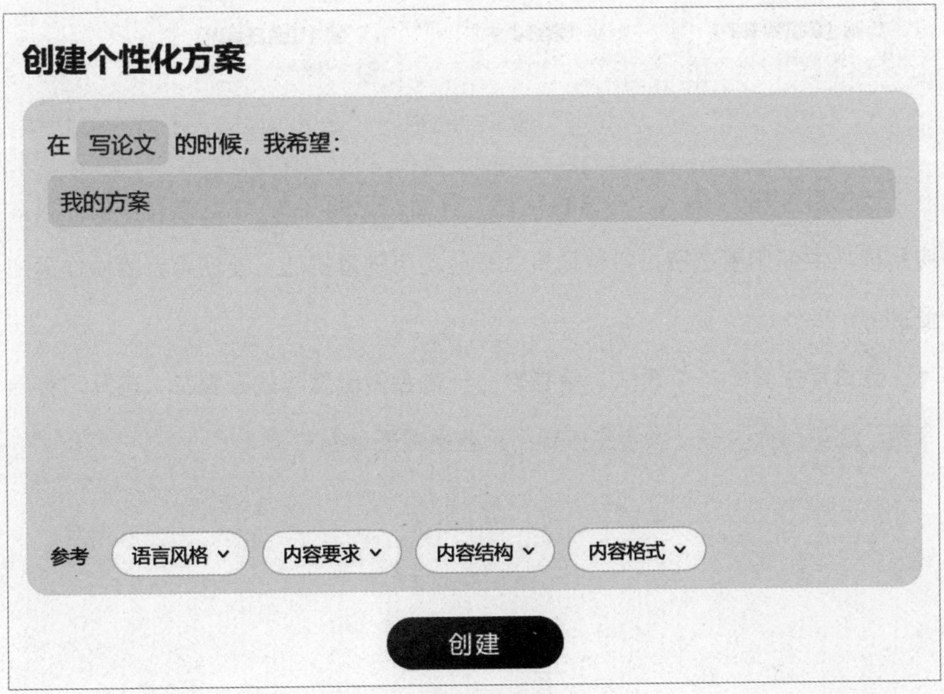

图 3-7 个性化定制

点击个性化选项，页面跳转至相关页面，使用者可自由制定个性化内容，见图 3-7。在该页面，可选择禁用定制回答，即不希望文心一言在回答语句中出现的内容，同时可以设置希望文心一言回复的内容。

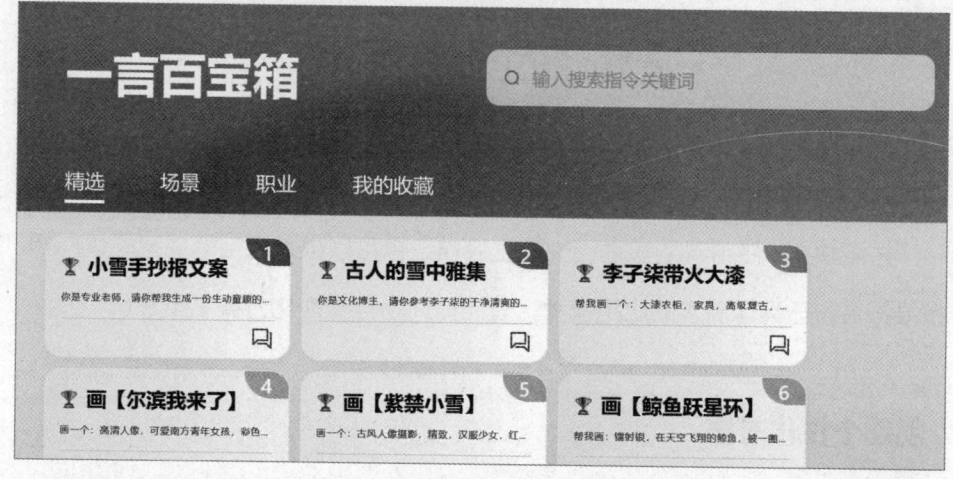

图 3-8 百宝箱

点击百宝箱，进入"一言百宝箱"界面，见图 3-8，在这里有丰富的具体应用模块供使用者选取，各种场景、职业均可随意挑选，让使用者的操作更加便捷。

尝试点击其中一个模块，看看文心一言会做出怎样的答复？（选择"春启今朝，逐梦前行"→"大学生指导"）答案见图 3-9。

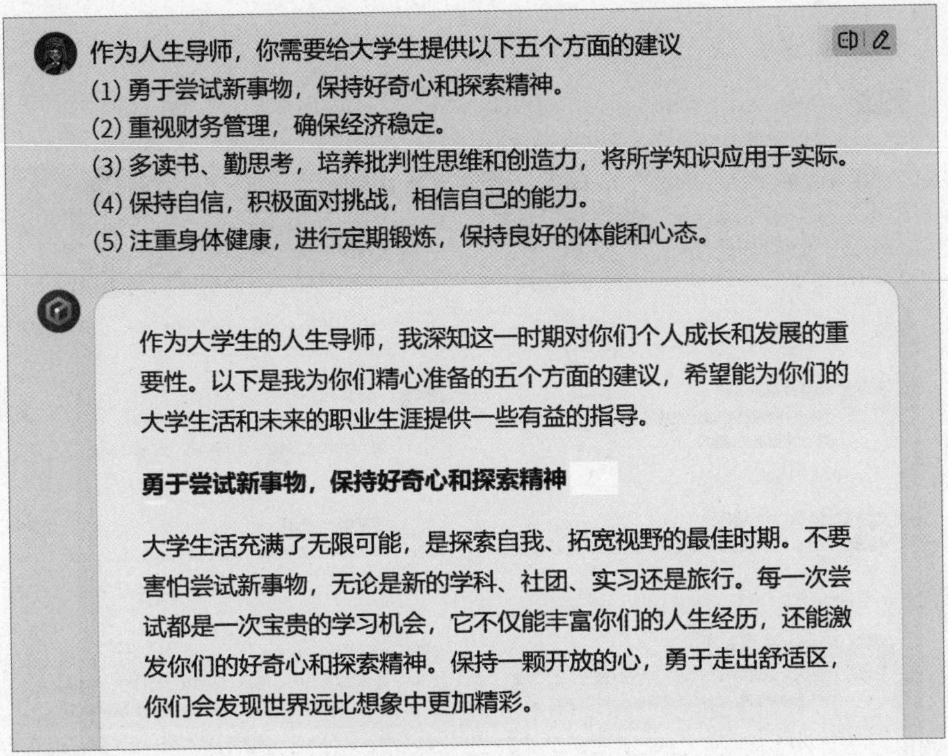

> 作为人生导师，你需要给大学生提供以下五个方面的建议
> (1) 勇于尝试新事物，保持好奇心和探索精神。
> (2) 重视财务管理，确保经济稳定。
> (3) 多读书、勤思考，培养批判性思维和创造力，将所学知识应用于实际。
> (4) 保持自信，积极面对挑战，相信自己的能力。
> (5) 注重身体健康，进行定期锻炼，保持良好的体能和心态。

> 作为大学生的人生导师，我深知这一时期对你们个人成长和发展的重要性。以下是我为你们精心准备的五个方面的建议，希望能为你们的大学生活和未来的职业生涯提供一些有益的指导。
>
> **勇于尝试新事物，保持好奇心和探索精神**
>
> 大学生活充满了无限可能，是探索自我、拓宽视野的最佳时期。不要害怕尝试新事物，无论是新的学科、社团、实习还是旅行。每一次尝试都是一次宝贵的学习机会，它不仅能丰富你们的人生经历，还能激发你们的好奇心和探索精神。保持一颗开放的心，勇于走出舒适区，你们会发现世界远比想象中更加精彩。

图 3-9 大学生指导

点击智能体广场选项，会进入智能体广场页面，见图 3-10。

使用者可以在这里选择许多扩展性应用，这些应用属于文心一言与其他小程序联合开发，侧重点更强，往往专注于某一个领域，能够给出更精准的回答。

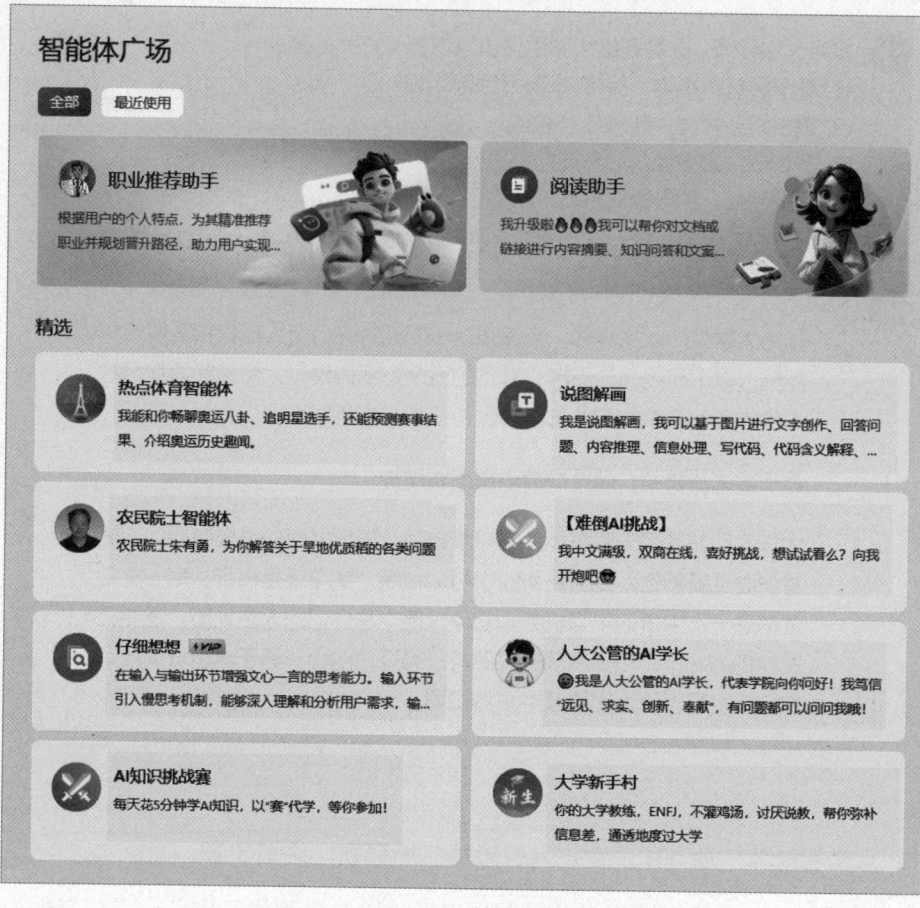

图 3-10 智能体广场

3.2.3 对话

对话，是使用文心一言大模型的常规操作和主要操作，多数操作行为都是基于对话展开的。这就涉及关键问题：**如何准确高效地和文心一言对话？如何快速便捷获得自己想要的答案？**

使用者向文心一言大模型发问要讲究方式方法，主要应注意以下要点。

3.2.3.1 明确提问目的

使用者向文心一言提问之前，要清楚明白自己的提问目的。在明确自己想要获取信息的大致方向之后，才能够更加精准地发问。举例来说，假如想要了解新能源汽车电池容量发展的最新动态，可以向文心一言提问："××新能源电池最新的发展情况""××新能源电池的重要新闻"等。带着目标去提问，往往能够事半功倍，快速获得准确具体的答案。

3.2.3.2 提问参考信息

有时，文心一言并没有进入使用者所预期的语境中，这时候如果直接发问，文心一言很难给出特定语境下的答案。所以使用者要尝试给文心一言提供充足的参考信息，也就是说让文心一言能够联系上下文，这样大模型就能够更全面"理解"问题。例如，如果正在询问一个关于电影的问题，可以提供电影的名称、导演或主要演员等信息。如果这些信息未知，可以先去百度百科等权威网站搜索必要信息，再向文心一言提问。又如，想要文心一言给出一个双休日的规划或安排，可以先向其提供相关的参考信息，包括自己的生活习惯、双休日的天气预报情况等，这样文心一言才能根据上下文的情况给出精确合理的答案。

3.2.3.3 用语清晰易懂

文心一言是智能对话大模型，它并不具备人类所具有的情绪和思维能力，它只能根据大数据进行分析、筛选和组合，如果问答过程使用太多难以理解的语言，文心一言可能会"判断失误"，答案将不再准确。因此，提问时要尽量使用清晰易懂的语言，以便于文心一言更好地"理解"问题。千万不要模糊用语，也不要使用歧义词，要简单明了、避免绕弯。

3.2.3.4 大问题细化处理

使用者如果要向文心一言询问比较"大"的问题，即问题涵盖的方面较广，可以细化提问、分开提问，这样可以让文心一言更好地回答每一个问题，而不是将它们混淆在一起。分开提问也有助于保持问题的清晰度和针对性。

3.2.4 文件解析、图片解析

文心一言具有一定的文件解析和图片解析功能，使用者上传目标文件和图片，同时输入问题描述，文心一言会在分析之后，根据提问者的问题进行答复。

文件解析。点击主页面文件选项，会切换出一个文件上传框，见图3-11。使用者把相关的文档上传即可。最多可上传10个文件，文件有容量限制，每个文件最大50MB，同时支持多种格式，可浏览上传，亦可将文件拖移上传。

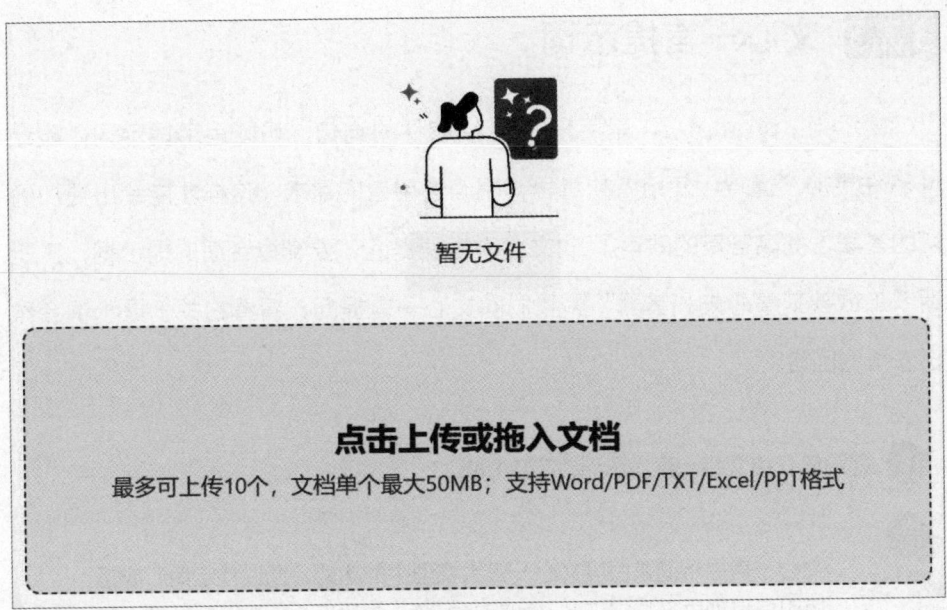

图 3-11 文件解析

图片解析。点击主页面图片选项，会弹出浏览框，使用者通过浏览图片的所在地，选择上传即可，见图 3-12。

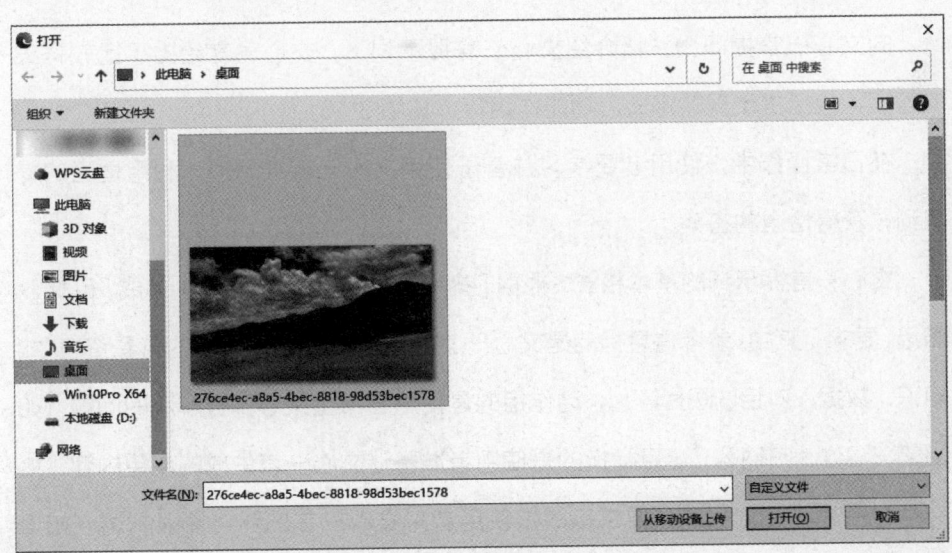

图 3-12 图片解析

3.2.5 文心一言提示词

提示词（prompt），是用来提示 AI 软件的词句，巧妙运用提示词，能让 AI 软件更加"懂得"使用者的意思，明确使用者的需求，这样才能给出更加确切的答案，提高答复的效率。向文心大模型提问，要掌握合适的提示词，正所谓"工欲善其事必先利其器"。我们向文心一言提问，看看它关于提示词会作出怎样的回答？

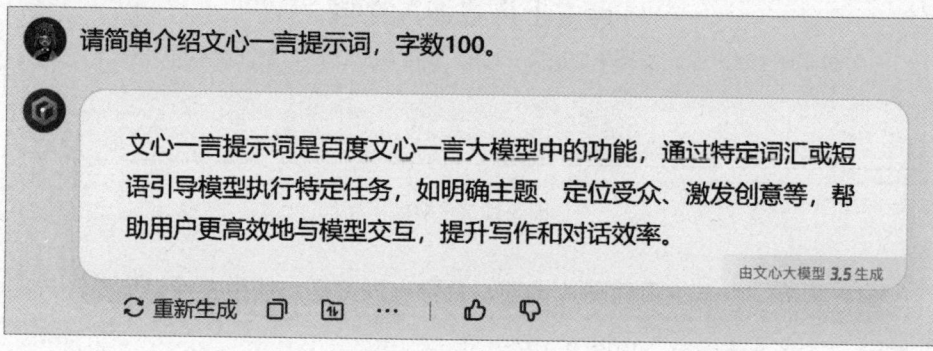

图 3-13 提示词简介

向文心一言提问："请介绍文心一言提示词"，文心一言给出了比较详细的答案，包括提示词的定义、功能作用等，见图 3-13。

在日常操作中，使用者要学习并善于使用文心一言提示词，利用适当的提示词，获得恰当的答案。

文心一言提示词的基本格式：根据[参考信息]+完成[动作]+达成[目标]+满足[要求]。其中，参考信息指的是文心一言完成指令所必须清楚的背景资料（如知识、数据、对话、图片等）；动作指的是使用者希望文心一言解决的问题（如回复、写作、归纳等）；目标指的是使用者准备让文心一言生成的期望内容（如文字、图片、计划等）；要求指的是使用者对文心一言的针对性限制词（如请参照××模式，请按照××格式，请模拟××语言风格等）。

文心一言部分提示词示例如下

错误示范

"写一段和山水有关的文章"

"这道题请帮我讲解一下"

"写一段语句优美的小散文"

……

正确示范

创作故事提示词：

"请为我编写一个关于勇敢小女孩与神秘森林的冒险故事。"

"创造一个未来世界的科幻故事，主角是一位天才科学家。"

"描述一个发生在古代城堡的浪漫爱情故事，包含一些悬疑元素。"

回答问题提示词：

"解释一下什么是人工智能，并举例说明其在现实生活中的应用。"

"如何有效地管理时间，提高工作效率？"

"简述全球气候变化的主要原因及其对人类的影响。"

生成内容提示词：

"为我写一篇关于健康生活方式的文章，包括饮食、运动和睡眠的建议。"

"创建一个关于环保的社交媒体帖子，呼吁大家减少塑料使用。"

"编写一份关于最新科技趋势的报告，重点关注人工智能和区块链的发展。"

对话交流提示词：

"假设我是你的朋友，我们正在讨论最近的热门电影，请分享你的看法。"

"作为一位旅行专家，请给我一些关于巴黎旅行的建议和必去景点。"

"如果你是一位历史学者，请谈谈你对中世纪欧洲的看法。"

……

3.3 文心一言撰写商品宣传文案的步骤

文心一言作为一款语言处理工具，在商品宣传文案的撰写中扮演着越来越重要的角色。本节将探讨使用文心一言来高效地撰写商品宣传文案的具体步骤。

3.3.1 常规宣传文案

3.3.1.1 常规宣传文案步骤01

登录文心一言账号，进入主页面。在下方的对话框中输入对话描述，向文心一言提问。在输入对话描述时，要遵循清晰、详细的原则，让文心一言充分"理解"提问者的意图，给出较为贴切的答案。

> **问：**
>
> 超市名称：××鲜食超市
> 成立时间：2015年
> 地址：上海市徐汇区××路××号

第3章 手把手教你用AI：撰写商品宣传文案

营业时间：周一至周日 08:00-22:00

超市简介：××鲜食超市是一家致力提供健康、新鲜食品的现代化综合型超市。自2015年成立以来，一直坚持"绿色、健康、新鲜"的经营理念，为每一位顾客带来最优质的购物体验。

特色服务与活动：- 新鲜直采：与多家本地农场合作，确保所有蔬菜水果均为当天采摘，新鲜直达。- 会员优惠：加入绿野鲜食会员，享受每周会员日特惠商品，还有积分兑换礼品等福利。- 环保包装：为了响应环保号召，使用可降解材料制作购物袋，并鼓励顾客自带购物袋。- 健康讲座：每月邀请营养专家举办免费健康饮食讲座，分享科学饮食知识。- 在线购物：通过官方网站或手机应用，顾客可以轻松下单，享受快速配送服务。

根据××鲜食超市的基本信息，撰写宣传文案。要求，用语流畅，具有吸引性和号召性，字数200以上。

常规宣传文案步骤01的AI回答见图3-14。

欢迎光临xx鲜食超市，您身边的健康食品专家！自2015年起，我们秉承"绿色、健康、新鲜"的经营理念，致力于为您打造现代化、综合型的购物天堂。位于上海市徐汇区xx路xx号，我们每天从08:00至22:00恭候您的光临。

在这里，新鲜直采的蔬菜水果让您品尝到大自然的原汁原味，与多家本地农场紧密合作，确保每一口都是当天的鲜美。加入我们的绿野鲜食会员，不仅能在会员日享受特惠商品，还能通过积分兑换精美礼品，让实惠与健康同行。

我们积极响应环保号召，使用可降解材料制作购物袋，并鼓励您自带购物袋，共同守护地球家园。此外，每月的健康讲座邀请营养专家，为您分享科学饮食知识，让健康生活方式触手可及。

忙碌的生活节奏阻挡不了您对品质的追求？别担心，通过我们的官方网站或手机应用，轻松下单，快速配送服务直接将健康送到您的家门口。

xx鲜食超市，让每一次购物都成为一次健康之旅。快来体验吧，让健康与美味伴您每一天！

图3-14 常规宣传文案步骤01

3.3.1.2 常规宣传文案步骤02

文心一言给出的答案基本符合提问者的要求，答案围绕××鲜食超市的基本情况，而且具有一定的吸引性和号召性，能够起到一定的宣传作用。这时进入第二步，对该答案仔细通读，进行优化完善，针对不满意的地方，提出更具针对性的意见和建议。

> **问：**
> 请为宣传文案中加入一些具体的促销措施和活动，用以吸引潜在消费者。

常规宣传文案步骤02的AI回答见图3-15。

欢迎光临xx鲜食超市，您身边的健康食品专家！自2015年起，我们秉承"绿色、健康、新鲜"的经营理念，致力于为您打造现代化、综合型的购物天堂。位于上海市徐汇区xx路xx号，我们每天从08:00至22:00恭候您的光临。

在这里，新鲜直采的蔬菜水果让您品尝到大自然的原汁原味，与多家本地农场紧密合作，确保每一口都是当天的鲜美。现在加入我们的绿野鲜食会员，不仅能享受每周会员日的特惠商品，如精选有机蔬菜5折优惠、进口水果买一赠一等超值福利，还能通过积分兑换精美礼品，积分越多，惊喜越大！

我们积极响应环保号召，使用可降解材料制作购物袋，凡自带购物袋购物的顾客，均可享受满额立减的优惠，让实惠与健康、环保同行。此外，每月的健康讲座不仅邀请营养专家为您分享科学饮食知识，现场参与讲座的顾客还能获得神秘健康小礼包一份，让健康生活方式触手可及。

为了回馈广大顾客的支持，我们还特别推出了"邀请好友赢好礼"活动，只要您成功邀请一位新顾客成为我们的会员，双方均可获得50元购物券一张，多邀多得，上不封顶！

忙碌的生活节奏阻挡不了您对品质的追求？别担心，通过我们的官方网站或手机应用，轻松下单，即可享受满额包邮、限时秒杀等多重优惠，快速配送服务直接将健康送到您的家门口。

xx鲜食超市，让每一次购物都成为一次健康与实惠的旅程。快来体验吧，让健康与美味伴您每一天！

图3-15 常规宣传文案步骤02

经过进一步的发问之后，文心一言给出的答案更加详细，而且包含具体性的超市促销活动，具有一定的可行性。

3.3.1.3 常规宣传文案步骤 03

最后，对文心一言生成的宣传文案内容进行人工审查、人工润色，确保文案中不存在硬伤（侵权、敏感），保证语句通顺流畅，符合超市的具体情况，并且具有宣传效果即可。

3.3.2 其他类型宣传文案

在现代数字营销中，不同的社交媒体平台如小红书、抖音和微信朋友圈各有其独特的用户群和内容风格。了解如何针对这些平台撰写特定类型的宣传文案是提升品牌影响力的关键。

3.3.2.1 小红书风格商品宣传文案

问：

产品名称：××口红
上市时间：2024 年春季
产品特点：持久显色、丝绒质感、滋润保湿、丰富色系
颜色系列：经典裸色、珊瑚粉、玫瑰豆沙、樱桃红、浆果紫
请结合××口红的基本信息，撰写一篇小红书风格商品宣传文案。要求：用语活泼，具有感染力，能够吸引年轻女性消费者。

> 标题：🏷️春日限定！××口红，让你的双唇绽放高级感💋
>
> 正文：
>
> Hey宝贝们！👋是时候告别冬日的沉闷，给你的妆容来点春日浪漫啦！🌸我刚刚get到的这款××口红，简直是春季里的唇间小秘密，美到犯规！😍
>
> 首先，说说这持久显色力！👍从早到晚，无论是赶早八还是加班夜，它都坚守岗位，不掉链子，让你的每一次微笑都自信满满！😊
>
> 再来，丝绒质感~💋涂上它，就像给双唇披上了高级定制的丝绒礼服，触感柔滑，高级感直线UP UP！不管是约会还是派对，你就是全场焦点！✨
>
> 别以为美丽就要牺牲舒适哦！这款口红还藏着滋润保湿的小心机💧，就算是干燥季节，也能让你的双唇水嫩嫩，告别干裂烦恼！😌
>
> 重点来了！它的色系简直是选择困难症的福音！🌈
>
> 　　经典裸色：日常百搭，自然提气色，伪素颜神器！
> 　　珊瑚粉：元气满满，甜美减龄，春日里的初恋色！
> 　　玫瑰豆沙：温柔知性，日常约会两相宜，散发迷人气质！
> 　　樱桃红：气场全开，一抹即现女王范，让你C位出道！
> 　　浆果紫：个性独特，敢于突破常规的你，就缺这一抹神秘！
>
> 每一支都是心头好，简直是收集控的终极目标！🎯
>
> 别等了，宝贝们！2024年春季，让我们一起用××口红，开启属于自己的色彩盛宴吧！🎉你的美，值得被看见，更值得被记住！💖
>
> #春季新宠# #口红种草# #高级感唇妆#
>
> 　　　　　　　　　　　　　　　　　　　　　　由文心大模型 **3.5** 生成

图 3-16 小红书风格商品宣传文案

　　小红书风格商品宣传文案见图 3-16。从这份宣传文案的图片内容来看，文心一言根据提问者的需求，使用了一种较为活泼亲切的语言风格，这种风格很适合社交媒体和年轻的目标受众。文案结合了多种表情符号来增强表达的情感，可以吸引读者的注意力，并使信息传达更加生动有趣，增强文案的感染力。

3.3.2.2 抖音风格商品宣传文案

问：

面包品牌与产品名称：××烘焙坊——甜蜜时光彩虹奶油面包

上市时间：2023年春季

口味：草莓奶油、抹茶奶油、香草奶油、芒果奶油、蓝莓奶油、椰奶奶油，带有淡淡的椰香。

创意包装：透明的塑料盒包装，可以看到内部的彩虹色条纹，非常吸睛

便携设计：独立小包装，方便携带和分享

请结合××烘焙坊——甜蜜时光彩虹奶油面包的基本信息，撰写一篇抖音风格商品宣传文案。要求：适合在抖音发布，吸睛性强，目标受众为年轻消费群体。

🍞✨【春日限定，甜度爆表】××烘焙坊甜蜜来袭~🏠❤

🌸春风十里，不如你手里的"甜蜜时光"！🍞 2023年春，××烘焙坊匠心巨献，彩虹奶油面包梦幻上市~🍰✨

草莓的粉嫩、抹茶的清新、香草的经典、芒果的热情、蓝莓的深邃、椰奶的温柔…每一口都是色彩的盛宴，每一层都是味蕾的旅行！🍓🍵🌿🥭🫐

👀看这颜值，透明的盒子藏不住彩虹的秘密！打开一瞬间，仿佛捕捉了整个春天的色彩~📷拍照打卡，你就是朋友圈最靓的崽！📸✨

包包里、口袋里，独立小包装，随时随地，甜蜜不间断！👜🎒上班路上、课间小憩、闺蜜小聚，分享一份彩虹心情，快乐加倍！👭🎁

🚀赶紧来××烘焙坊，把这份春日限定的甜蜜带回家！不论是自我奖赏，还是友情传递，甜蜜时光彩虹奶油面包，让你的每一天都多彩多姿~🎈❤

图 3-17 抖音风格商品宣传文案

抖音风格商品宣传文案见图3-17。这份宣传文案采用了非常活泼和年轻化的语言风格，特别适合社交媒体平台，这种风格可以有效吸引年轻用户的注意力。文案的表情符号增加了视觉吸引力。文案结构明确，分段清晰，展示了烘焙产品的特点。

值得注意的是，文心一言还具有智能配图的功能，如果使用者对该段内容满意，选取后可点击内容下方的智能配图，文心一言将快速为之生成配套的图片，可作为宣传图使用，可帮营销人员节省大量时间，见图3-18。

图3-18 智能配图

3.3.2.3 微信朋友圈风格商品宣传文案

私家种植大量奶油草莓，草莓品质好，绿色生态，天然种植，大量售卖。请结合以上内容，撰写微信朋友圈风格商品宣传文案。

微信朋友圈风格商品宣传文案见图 3-19。

🍓自家田园直供，奶油草莓红艳艳上市啦！每一颗都是自然精华，绿色生态种植，无添加，纯天然的美味诱惑！汁多味甜，品质上乘，保证让你一尝难忘！数量有限，欲购从速，快来抢购这份大自然的甜蜜馈赠吧！🍓❤️

由文心大模型 3.5 生成

图 3-19 微信朋友圈风格商品宣传文案

3.4 文心一言商品宣传文案集锦

案例一：

> **问：**
>
> 商品名称：梦幻星尘手链
>
> 商品描述：高品质合金材质，镶嵌璀璨仿水晶石，设计独特，展现个性与品味
>
> 适用场合：日常佩戴、晚宴、派对等
>
> 目标消费群体：追求时尚潮流、喜爱独特设计的年轻女性
>
> 价格：399元
>
> 根据梦幻星尘手链的相关信息，撰写商品宣传文案。要求：用语活泼，凸显产品特性，对于年轻女性消费群体有较强的吸引力，时尚，活力，适合在现代网络社交软件发布。

案例一，文案符合提问需求，基本满足提示词的要求，凸显"梦幻星辰手链"的产品特性，具有一定的渲染力和号召力，能够吸引潜在的年轻女性消费群体，见图3-20。

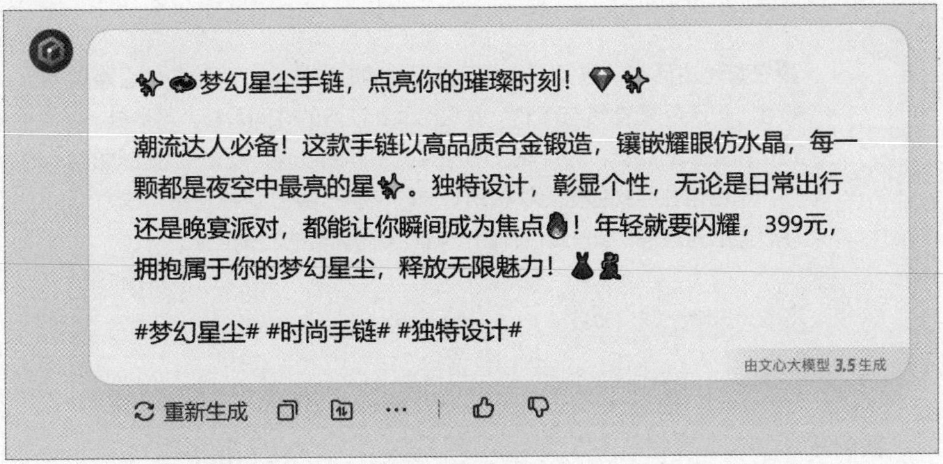

第 3 章 手把手教你用 AI：撰写商品宣传文案

> ✨💎梦幻星尘手链，点亮你的璀璨时刻！💎✨
>
> 潮流达人必备！这款手链以高品质合金锻造，镶嵌耀眼仿水晶，每一颗都是夜空中最亮的星✨。独特设计，彰显个性，无论是日常出行还是晚宴派对，都能让你瞬间成为焦点🔥！年轻就要闪耀，399元，拥抱属于你的梦幻星尘，释放无限魅力！👗👠
>
> #梦幻星尘# #时尚手链# #独特设计#
>
> 由文心大模型 3.5 生成

图 3-20 案例一

案例二：

> 问：
>
> 商品名称：静谧森林香薰蜡烛
>
> 商品描述：天然植物蜡和精油制成，清新淡雅森林香气，外观精致，为家居增添宁静与和谐
>
> 使用场景：卧室、书房等
>
> 目标消费群体：注重生活品质、喜爱自然香气的消费者
>
> 价格：299
>
> 根据静谧森林香薰蜡烛的相关信息，撰写商品宣传文案。要求：用语清新自然、浪漫、优雅，凸显产品能够带人使用者以舒缓身心的效果。

案例二，文案具有用语清新、自然、浪漫等特点，尤其是文案中的"注重生活品质的你，是否也在寻找那份能够触动心灵的宁静？"非常能与读者产生心理共鸣，见图 3-21。

🍃在繁忙生活中，寻找一片属于自己的静谧森林🌲。静谧森林香薰蜡烛，以天然植物蜡与精油，编织出清新淡雅的林间香氛。精致外观，点亮家的温馨，为卧室、书房披上宁静的纱幔。注重生活品质的你，是否也在寻找那份能够触动心灵的宁静？💚让这抹香息，成为你心灵的避风港，299元，开启一场浪漫而优雅的舒缓之旅。

由文心大模型 3.5 生成

图 3-21 案例二

案例三：

问：

产品名称：××耳机

产品优势：××耳机具有超高清音质、智能降噪、持久续航、舒适贴耳设计、智能触控操作、IPX7级防水等优点

产品颜色：深空灰、星辰蓝、极光绿

根据××耳机的基本信息，撰写商品宣传文案。要求：用语流畅，体现××耳机的优势，对于年轻群体和具有运动习惯的消费群体具有一定的吸引作用。

××耳机，音乐与运动的完美拍档！超高清音质，让每一段旋律直击心灵；智能降噪，隔绝喧嚣，沉浸私人音乐世界。持久续航，陪你从日出到日落；舒适贴耳设计，即便长时间佩戴也无感压力。智能触控操作，指尖轻触，尽在掌控。更有IPX7级防水，无惧汗水雨水挑战。深空灰、星辰蓝、极光绿，三色可选，彰显个性风采。××耳机，让每一次运动都充满律动与激情！

由文心大模型 3.5 生成

图 3-22 案例三

案例三，文案内容非常丰富，全面展示××耳机的各种特性与优势，比如耳机的降噪功能、贴耳设计、智能触控、IPX7级防水等，这些详细的功能介绍，对于潜在的年轻消费群体有很大的吸引力，见图3-22。

案例四：

我现在准备直播售卖一款高档的男士衬衫，该款衬衫舒适性极佳，质地柔软细腻，有黑色、白色两款，价格899，可适当优惠，请帮我写一段五分钟的直播话术。

案例四，文案内容和人们日常在直播间所能听到的话术非常相似，整个文案的结构设计合理，严格按照5分钟来进行设计，各个具体的时间段有不同的内容介绍，讲解细致，具有号召力和感染力，是具有使用参考价值的话术模板，见图3-23。

五分钟直播话术模板

0—1分钟：开场与产品引入

"哈喽哈喽，亲爱的观众朋友们，大家晚上好！欢迎来到我们的直播间，我是你们的主播XXX。今天给大家带来一款绝对让男士们爱不释手的宝贝——高档男士衬衫！这款衬衫啊，真的是舒适度满分，质地柔软得就像婴儿的皮肤一样，穿在身上简直是一种享受！"

1—2分钟：产品细节展示

"大家看好了，这款衬衫有黑色和白色两款，都是非常经典百搭的颜色。黑色神秘稳重，适合各种正式场合；白色清新脱俗，日常穿搭也能轻松驾驭。而且啊，它的面料是经过特殊处理的，透气性和吸湿性都非常好，夏天穿也不会觉得闷热。"

2—3分钟：价格与优惠

"我知道大家最关心的还是价格问题。这款高档男士衬衫原价可是要1000多的，但今天在我们的直播间，只要899元！是的，你没听错，就是899元！而且啊，前10位下单的朋友还能享受到额外的优惠哦，快来抢购吧！"

3—4分钟：互动与答疑

"大家有什么问题都可以打在公屏上，我会一一为大家解答的。有没有朋友已经心动了？快来告诉我你的尺码，我帮你看看还有没有你的码数。"

4—5分钟：号召购买与结束

"好了亲爱的朋友们，时间不早了，我们的直播也要接近尾声了。还没下单的朋友们要抓紧时间了哦！这款高档男士衬衫真的是物超所值，错过今天可就没有这个价了。感谢大家的支持和陪伴，我们下次直播再见！"

由文心大模型 3.5 生成

图 3-23 案例四

在当今瞬息万变的商业环境中，准确把握市场发展趋势是企业或商家持续成长与创新的关键。随着人工智能技术的飞速发展，越来越多的从业者开始借助 AI 的力量来洞察市场、预测趋势。本章将深入浅出地介绍如何利用 DeepSeek 来定位市场发展趋势，手把手带你走进 AI 赋能的商业世界。

手把手教你用 AI：
定位市场发展趋势

第 4 章

4.1 DeepSeek 做好市场分析

市场环境，瞬息万变，商场如战场，在现代数智技术快速升级换代的当今社会，市场行情的变化更加迅速，谁能够掌握先机，谁能抓准市场的"脉搏"，就有更多机会获得更长远的发展。在 AI 时代，让 DeepSeek 作为自己的有力助手，洞悉市场行情，做好市场分析，不失为一种聪明的举措。

4.1.1 消费者行为分析

在现代智能化社会，市场营销领域正经历着一场前所未有的变革。随着大数据、云计算和机器学习等技术的飞速发展，市场营销工作人员不再仅仅依赖于传统的市场调研、问卷调查和人工数据分析，而是能够充分利用先进的 AI 软件来实现高效且精准的数据分析。

营销工作者能够利用 AI 软件分析消费者的购买历史、浏览记录等数据，构建消费者画像，揭示消费者的偏好、需求以及购买决策过程。营销工作者需要在网络电商平台后台下载并复制潜在消费者的后台浏览记录，然后将内容上传发送给文心一言进行分析，获得精准的分析报告。

操作：电商平台市场营销部工作人员需将消费者购买历史、浏览记录等数据归纳总结为文字或图片形式，发送至 DeepSeek 对话页面，或点击文件上传，请 DeepSeek 根据文件作出合理分析即可。

案例一：电商平台市场营销部门对平台用户浏览与购物数据进行分析。

问：

根据用户A在平台的后台记录，对其进行精准的消费行为分析，推测用户A的购买倾向，以及日常的消费习惯，以便于做好后续的推广分发工作。

- 用户名：A
- 注册日期：2022-01-15
- 2024-10-01 10:30:00 - 访问"户外探险"专区
- 2024-10-01 10:45:00 - 查看产品详情页：徒步鞋（产品ID：1001）
- 2024-10-01 11:00:00 - 查看产品详情页：轻量级背包（产品ID：1002）
- 2024-10-02 15:00:00 - 访问"健康食品"专区
- 2024-10-02 15:10:00 - 查看产品详情页：无糖能量棒（产品ID：2001）
- 2024-10-03 19:00:00 - 访问"健康食品"专区
- 2024-10-03 19:15:00 - 查看产品详情页：维生素C片（产品ID：2002）
- 2024-10-04 20:00:00 - 访问"图书"专区
- 2024-10-04 20:10:00 - 查看产品详情页：《心理学入门》（产品ID：3001）
- 2024-10-04 20:15:00 - 将《心理学入门》加入购物车
- 2024-10-05 18:00:00 - 访问购物车
- 2024-10-05 18:10:00 - 购买《心理学入门》和《自我提升指南》（订单号：45678901）
- ……

答：

用户A对徒步鞋和轻量级背包的浏览表明其对户外探险活动有浓厚兴趣。尽管当前未直接购买户外装备，但收藏记录中的防风防水夹克进一步证实了她对户外装备的需求。

用户A对无糖能量棒和维生素C片的详细查看及购买,显示其关注健康饮食,尤其是适合户外活动的高能量、低糖食品。

后续加入购物车的无糖能量棒和维生素D3,表明她在持续寻找并购买此类产品。

······

偏好购买健康食品、户外装备和图书,且对价格敏感,倾向于选择性价比高的商品。

通过上传用户A在网络平台的后台记录,DeepSeek可结合大量信息做出比较全面的分析判断,找准用户偏好,有利于平台后续对于用户的精准推送分发。

案例二:公司官网后台营销专员可对官网用户浏览与购物数据进行分析。

根据用户B在××手机官网的浏览记录和购买记录,对其进行精准的消费行为分析,推测用户B可能购买的产品类别,以便于做好后续的推广分发工作。

用户B在××手机官网的浏览记录:

(1)2024年10月1日
- 浏览了"××手机Pro"系列产品的介绍页面
- 查看了"××手机Pro Max"的详细参数
- 访问了"××手机配件"页面,特别是保护壳和屏幕贴膜

(2)2024年10月3日
- 再次访问了"××手机Pro Max"的页面,这次关注了颜色选项
- 查看了用户评价和评分
- 浏览了"××手机Pro Max"的用户指南

(3)2024年10月5日
- 搜索并阅读了关于"××手机Pro Max"的最新评测文章
- 比较了"××手机Pro Max"与竞品的性能

(4)2024年10月10日
- 回访了"××手机Pro Max"的页面,这次特别注意了价格和促销

活动
- 查看了"××手机 Pro Max"的官方宣传视频

用户 B 在××手机官网的购买记录：

（1）2024 年 10 月 12 日
- 购买了"××手机 Pro Max"，选择了深空灰色，128GB 存储版本
- 同时购买了官方保护壳和高清钢化膜

……

：

用户 B 消费行为分析

（1）用户行为概述

用户 B 在××手机官网的浏览和购买记录显示，其兴趣主要集中在"××手机 Pro Max"这一产品上。从首次浏览到最终购买，用户 B 经历了对产品介绍、详细参数、用户评价、性能比较、价格及促销活动的全面考察。此外，用户 B 还关注了与手机配套的保护壳和屏幕贴膜等配件。

（2）用户兴趣分析

产品偏好：用户 B 对"××手机 Pro Max"表现出浓厚的兴趣，不仅多次浏览该产品的页面，还深入了解了其详细参数、用户评价、性能比较以及价格和促销活动。这表明用户 B 对高端、高性能的手机有较高的需求。

颜色与配置选择：用户 B 最终选择了深空灰色，128GB 存储版本的"××手机 Pro Max"。这一选择反映了用户 B 对颜色的偏好以及对存储容量的需求。

配件需求：用户 B 在购买手机的同时，还购买了官方保护壳和高清钢化膜。这表明用户 B 注重手机的保护，并愿意为官方配件支付额外费用。

（3）购买意向推测

产品类别：基于用户 B 的浏览和购买记录，可以推测用户 B 未来可能继续购买"××手机"系列的高端产品，以及相关的官方配件。

购买周期：用户 B 在浏览产品后约 10 天进行了购买。这一购买周期可能反映了用户 B 在做出购买决策前的深思熟虑和比较过程。未来，用户 B 可能在类似的时间周期内再次考虑购买新产品或升级现有设备。

价格敏感度：用户 B 在购买时使用了优惠码并享受了折扣，这表明用户 B 对价格有一定的敏感度。未来，在推出新产品或促销活动时，提供吸引人的价

格和优惠可能有助于激发用户 B 的购买意愿。

四、推广分发建议

精准推送：针对用户 B 的购买历史和兴趣偏好，可以定期向其推送"××手机"系列新产品的信息、性能评测、用户评价以及促销活动等内容。

配件推荐：在用户 B 购买新产品时，可以推荐与其手机型号相匹配的官方配件，如保护壳、屏幕贴膜、充电器等，以满足其保护手机和提升使用体验的需求。

优惠活动：在用户 B 可能考虑购买新产品或升级现有设备的时间周期内，可以推出吸引人的优惠活动，如限时折扣、满减优惠、赠品等，以激发其购买意愿。

4.1.2 竞争对手分析

营销从业者能够利用 DeepSeek 快速收集并分析竞争对手的产品信息等内容，帮助市场营销人员快速了解竞争对手的优势和劣势，识别潜在的市场机会和威胁。

操作：将竞争对手产品相关信息归纳总结为文字或图片形式，发送至 DeepSeek 对话页面，或点击文件上传，请 DeepSeek 根据文件作出合理分析即可（案例如下）。

案例一：旅行社全面分析竞争对手的产品信息，针对性制定差异化营销策略。

本旅行社的竞争方旅行社所推出的主销产品为"梦幻云南之旅"（如下所示），为了做好差异化营销，请帮我分析对竞争对手的主销产品进行全面分析。

"梦幻云南之旅"

第1天：出发地 - 昆明

- 上午：从出发地乘坐飞机前往昆明，接机后入住酒店休息。
- 下午：游览昆明市区，参观滇池、西山龙门石窟。
- 晚上：欢迎晚宴，品尝云南特色美食。

第2天：昆明 - 大理

- 上午：乘车前往大理，途中欣赏沿途风光。
- 下午：抵达大理，参观大理古城，游览洱海公园。
- 晚上：自由活动，推荐品尝大理白族三道茶。

第3天：大理 - 丽江

- 上午：前往丽江，途中参观崇圣寺三塔。
- 下午：抵达丽江，游览丽江古城，参观木府。
- 晚上：参加纳西族篝火晚会，体验民族风情。

......

报名方式：

- 电话咨询：400-××-4567
- 在线预订：www.××.com

竞争对手主销产品"梦幻云南之旅"全面分析

（1）产品概述与定位

"梦幻云南之旅"是阳光旅行社推出的高端旅游产品，以云南深度游为核心，旨在提供难忘的旅行体验。该产品适合家庭游客、情侣、摄影爱好者以及自然和文化探索者，定位清晰且广泛，覆盖了多种客户群体。

......

(5) 竞争优势与劣势

竞争优势：

高端定位与优质服务：提供豪华交通、精选住宿和特色餐饮，满足高端客户群体的需求。

丰富的行程安排：涵盖云南最著名的景点和文化体验，提供全面的旅行体验。

个性化定制服务：根据客户需求提供个性化定制服务，增加客户满意度。

竞争劣势：

价格较高：对于价格敏感的客户群体，可能会选择更经济的旅行产品。

目标客户群有限：虽然定位清晰且广泛，但高端定位可能限制了部分客户群体的选择。

(6) 差异化营销策略建议

定位差异化：

针对中高端客户群体，推出具有独特卖点的旅行产品，如"云南探险之旅"或"云南摄影大赛之旅"，突出产品的独特性和专业性。

价格策略：

提供多种价格选项，如经济型、舒适型和豪华型，以满足不同客户群体的需求。

推出早鸟优惠、团体优惠等促销活动，吸引更多客户。

服务创新：

提供独特的文化体验活动，如与当地少数民族互动、参加传统手工艺制作等，增加旅行的文化深度。

推出"绿色旅行"理念，注重环保和可持续发展，吸引注重环保的客户群体。

营销渠道拓展：

利用社交媒体、旅游平台和线下活动等多种渠道进行宣传和推广。

与航空公司、酒店等合作伙伴建立合作关系，共同推广旅行产品。

客户关系管理：

建立完善的客户关系管理系统，收集客户反馈和需求，提供个性化的服务和推荐。

推出会员制度和积分奖励计划，增加客户忠诚度和复购率。

该分析基于用户所提供的竞争方旅行社产品，具有一定的深入性与客观性，可供市场营销工作者作为参考。

案例二：准商场餐饮店主开业前，分析商场内及周边竞争对手的产品信息，针对性制定差异化策略。

> **问：**
>
> 本人是准商场餐饮店主，欲在××商场内创办一家餐饮店，请结合下列××商场内及周边竞争对手的基本情况，帮我制定差异化策略。
>
> 商场内的餐饮店
> 1楼 – 快餐区
> - 美味汉堡屋
>   - 特色菜品：经典牛肉堡、鸡肉卷、薯条、可乐
> - 清新沙拉吧
>   - 特色菜品：凯撒沙拉、地中海沙拉、水果沙拉
> - 甜蜜时光甜品店
>   - 特色菜品：芒果慕斯、提拉米苏、草莓奶酪
>
> 2楼 – 中式餐厅
> - 香满园
>   - 特色菜品：宫保鸡丁、鱼香肉丝、清蒸鲈鱼
> - 面食工坊
>   - 特色菜品：炸酱面、刀削面、担担面
> - 粥铺小馆
>   - 特色菜品：皮蛋瘦肉粥、海鲜粥、南瓜粥
>
> 3楼 – 西式餐厅
> - 意式风情
>   - 特色菜品：意大利面、比萨、提拉米苏
> - 牛排之家
>   - 特色菜品：黑椒牛排、菲力牛排、烤羊排

- 咖啡时光
  - 特色菜品：拿铁、卡布奇诺、摩卡、各种蛋糕

4楼 - 亚洲美食
- 泰香阁
  - 特色菜品：冬阴功汤、绿咖喱鸡、泰式炒河粉
- 日式料理
  - 特色菜品：寿司、刺身、天妇罗
- 韩式烤肉
  - 特色菜品：五花肉、牛排、石锅拌饭

商场周边的餐饮店

商场东侧
- 街角小吃
  - 特色菜品：煎饼果子、肉夹馍、豆浆
- 海鲜大排档
  - 特色菜品：蒜蓉扇贝、清蒸大闸蟹、炒花甲

商场西侧
- 素食天地
  - 特色菜品：素春卷、素炒饭、素烧茄子
- 烧烤乐园
  - 特色菜品：羊肉串、鸡翅、烤玉米

商场南侧
- 面包工坊
  - 特色菜品：法式面包、丹麦酥皮、奶油蛋糕
- 茶馆雅座
  - 特色菜品：龙井茶、普洱茶、各种茶点

商场北侧
- 墨西哥风情
  - 特色菜品：玉米片、塔可、墨西哥卷
- 冰淇淋小站
  - 特色菜品：多种口味冰淇淋、圣代、雪糕

在分析了××商场内及周边竞争对手的基本情况后,我们可以从以下几个方面来制定差异化策略,以吸引顾客并提供独特的餐饮体验:

(1)定位与主题

定位清晰:鉴于商场内已有多种餐饮类型,您的餐饮店可以选择一个特定的细分市场进行定位,如健康轻食、地方特色菜、创意融合菜等。

主题鲜明:设计一个独特的主题,如"绿色健康餐厅""环球美食探索"等,通过环境装饰、餐具选择、菜品命名等方式营造氛围。

(2)菜品创新

特色菜品:开发几道具有特色的招牌菜,这些菜品可以是市场上少见的,也可以是传统菜品的创新演绎。

健康理念:结合现代人对健康的追求,推出低脂、低糖、高蛋白等健康菜品,满足特定顾客群体的需求。

季节限定:根据季节变化推出应季菜品,如春季的野菜系列、夏季的清爽凉菜等,增加顾客的新鲜感和期待感。

(3)服务体验

个性化服务:提供定制化菜单,满足顾客的个性化需求,如儿童餐、素食者菜单等。

互动体验:设置开放式厨房或烹饪表演区,让顾客了解菜品制作过程,增加互动性和趣味性。

便捷支付:支持多种支付方式,包括移动支付、会员积分等,提高顾客支付的便捷性和满意度。

……

4.2 DeepSeek 预测行业未来走向

市场营销从业者可利用 AI 软件对行业未来走向进行合理预测，这是因为 AI 技术具备较强的大数据分析与学习能力，可综合海量数据做出较为贴近事实的推测，从而识别行业趋势，为人们提供具有现实价值的预测。

4.2.1 分析行业历史数据

DeepSeek 能够对行业发展的历史进程和相关数据进行深入分析，利用其强大的数据分析和经验总结能力，营销从业者可以快速从行业历史数据中找到值得借鉴和参考的行业讯息，并将这些讯息作为判断行业未来发展趋势的重要基础。比如，营销从业者可利用 DeepSeek 对历史数据进行全面分析，识别行业的周期性规律等等。

操作：在对话框复制粘贴行业历史数据，或者使用 DeepSeek 的数据导入功能（文件上传 Excel、Wrod 等），利用 DeepSeek 的数据处理和文档解析功能，对数据进行全面分析。

案例：搜集电商行业发展历程，对历史数据进行分析，探寻潜在发展机遇。

问：

以下为电子商务行业发展历史数据，请结合这些内容进行全面分析，探寻电子商务行业的潜在发展机遇。

发展历史

- 1995 年：全球电子商务交易额约为 1 亿美元。
- 2000 年：全球电子商务交易额达到 170 亿美元。
- 2005 年：全球电子商务交易额突破 1000 亿美元。
- 2010 年：全球电子商务交易额达到 6000 亿美元。
- 2015 年：全球电子商务交易额超过 1.5 万亿美元。
- 2020 年：全球电子商务交易额突破 4 万亿美元。

行业挑战

- 1990 年：网络安全问题频发，消费者信任度低。
- 2000 年：物流配送体系不完善，售后服务不到位。
- 2010 年：市场竞争激烈，同质化严重。
- 2020 年：隐私保护和数据安全问题日益突出，环保压力增大。

……

答：

通过对上述虚构的电子商务行业发展历史数据进行分析，我们可以探寻到以下几个潜在的发展机遇：

（1）技术创新带来的新机遇

人工智能与大数据：随着人工智能和大数据技术的不断成熟，电子商务企业可以更加精准地分析消费者行为，提供个性化推荐，优化购物体验，同时提高运营效率。

区块链技术：区块链技术在供应链管理中的应用可以提高透明度和安全性，降低欺诈风险，增强消费者信任。

---

① 问答内容为虚构，作示范案例之用。

> 虚拟现实与增强现实：VR 和 AR 技术可以为用户提供沉浸式购物体验，增加购物的趣味性和互动性，吸引更多消费者。
>
> （2）新兴市场与跨境电商
>
> 跨境电商：随着全球化的深入，跨境电商将继续保持高速增长。电子商务企业可以积极拓展国际市场，利用跨境电商平台拓展海外业务，实现全球化布局。
>
> 新兴市场：新兴市场如东南亚、非洲等地的电子商务市场潜力巨大。这些地区的消费者基数大，但电子商务渗透率相对较低，企业可以通过本地化策略，满足这些地区消费者的需求。
>
> ……

4.2.2 洞察行业潜在机遇

市场营销从业者合理运用 AI 软件，能够洞察行业发展潜在机遇。结合行业发展的最新动态，预测行业未来发展情况，从中分析新的机遇和增长点。

操作：将大量数据，以及行业发展的动态信息归纳整理至文档中（Word、Excel、TXT、PDF、PPT 等），文档中的内容确保条理清晰，不要出现模糊用词和歧义词句等内容，上传至 DeepSeek。然后在对话框中输入提示词，请 DeepSeek 分析行业潜在机遇，如"请结合文档中的内容，对 ×× 行业潜在机遇作出合理分析"。

案例一：结合"智能手机行业洞察报告.DOCX"，分析行业潜在机遇。

请结合"智能手机行业洞察报告.DOCX"，分析行业潜在机遇。

答：

结合"智能手机行业洞察报告.DOCX"，智能手机行业的潜在机遇主要体现在以下几个方面：

（1）折叠屏手机市场的快速增长

成本下降与价格亲民：随着折叠屏手机主要零配件成本的下降，销售价格有望继续下探，使得更多消费者能够承担得起折叠屏手机。

用户体验提升：横折产品在配置和使用体验上将进一步缩小与直板旗舰产品的差距，而竖折产品则更注重时尚属性。这为折叠屏手机市场的快速增长提供了有力支撑。

（2）手机端AI大模型应用的广泛推广

创新突破：AI大模型在手机上的使用有望打破手机市场多年以来创新不足的局面，为智能手机带来全新的功能和应用场景。

性能需求提升：AI大模型对硬件有更高的性能需求，这将推动部分用户换机，为智能手机厂商带来新的销售机会。

……

综上所述，智能手机行业在折叠屏手机市场增长、手机端AI大模型应用推广、二手智能手机市场扩大、细分消费人群增长、售后服务优化、智能手机与新能源车融合、卫星通讯服务普及以及自研技术和国产供应链提升等方面都蕴含着巨大的潜在机遇。

案例二：请结合"2024年中国PC市场十大洞察.DOCX"，全面分析未来中国PC市场的发展趋势和机遇。

问：

结合"2024年中国PC市场十大洞察.DOCX"，全面分析未来中国PC市场的发展趋势和机遇。

答：

结合"2024年中国PC市场十大洞察"文件内容，未来中国PC市场的发展趋势和机遇可以全面分析如下：

（1）发展趋势

整体市场恢复增长：随着政策和经济的逐步稳定，2024年中国PC市场整体向好，预计出货量同比增长3.8%。这表明PC市场在经历了之前的波动后，将迎来新的增长期。

AIPC（AI个人电脑）快速发展：AIPC将成为市场主流，2024年占比预计达到55%，到2027年将达到85%。AIPC的快速发展将推动终端生态的多元化，并为用户带来更高效、更智能的使用体验。

工作站市场需求增长：离散制造业及专业服务业将拉动工作站需求，2024年工作站市场预计增长10.3%，未来四年复合增长率达到13.1%。这表明在特定行业和应用场景下，高性能PC的需求将持续增长

……

（2）机遇

AIPC带来的创新机遇：AIPC的快速发展将推动品牌在消费及商用市场用户端的生态多元化。抢占AIPC大模型的先机将成为推动品牌发展的重要方向，为PC厂商带来创新机遇。

工作站市场的增长机遇：在离散制造业及专业服务业的拉动下，工作站市场需求将持续增长。这为高性能PC厂商提供了广阔的市场空间和发展机遇。

中小企业数字化转型的机遇：随着数字技术的不断突破和应用，中小企业将更加注重PC在数字化转型中的作用。PC厂商可以通过提供定制化解决方案和优质服务，满足中小企业的需求，实现共赢发展

……

4.3 DeepSeek 制订促销方案

促销方案对于优化营销效果、提高商品销量的重要作用不言而喻，是市场中非常重要的环节之一。

无论是对于网店还是实体店，促销方案都是推广过程中的关键，将促销信息展示出来，有力带动店铺的商品销售，如果方案制订合理，并且按照既定步骤执行，就能够最大限度地吸引潜在消费者的目光。那么，到底应该怎么制订促销方案，又该怎么让 DeepSeek 来帮助我们实现呢？这就是本节所要讲述的内容。

4.3.1 如何制订促销方案

制订促销方案的常见方法有两种，第一种是在既定的促销方案模板基础上进行修改，或者直接在线修改，这种方法比较快捷方便，只是个性化和针对化程度稍显不足；第二种是自己设计促销方案，商家可以根据自己对于商品促销活动的理解，结合目前的市场行情，自行设计促销方案。

4.3.1.1 制订促销方案的技巧

制订促销方案要讲究一定的技巧，这样才能起到事半功倍的促销效果。在日常营销的过程中，合理运用促销技巧，能够有效增强销售效果。

◆ **多渠道宣传**

在当今多元化的市场环境中，利用多种传播渠道进行促销活动宣传是至关重要的。这种策略有助于扩大促销活动的覆盖范围，显著提高其影响力。社交媒体是触及广泛受众的强大工具，每个平台都有其独特的用户群和互动方式。通过精心设计的电子邮件营销活动，可以直接将促销信息发送到目标顾客的邮箱中。又如，在各种网站上投放的横幅广告、搜索引擎广告和视频广告。这些广告可以针对特定的人群进行优化，确保你的促销活动能够到达最可能对你的产品或服务感兴趣的用户。尽管数字营销的效果显著，但线下广告仍然有其独特的价值，包括在公共交通、户外广告牌、杂志和报纸上的广告。

◆ **阶梯式销售法则**

在制订促销活动时，采用阶梯式销售法则能够有效地照顾到不同消费能力的顾客群体，从而最大化促销效果和商品转化率。这种方法本质上是对市场进行细致分析，识别并定义出三个主要的消费者层级：高端消费者、精英消费者和普通消费者，每一类都有其独特的需求和购买力。

对于高端消费者，这部分人群通常不太在乎价格，更加注重产品的品质、品牌价值及独特性。针对这类消费者，促销策略应侧重于提供高品质的服务和产品，如限量版商品、尊享服务或是定制体验，确保这些活动能展示出品牌的独家价值和稀缺性。

精英消费者层面的人群通常具备较高的经济能力，但与高端消费者不同的是，他们可能更加理性，寻求性价比高的产品。针对精英消费者的促销活动可以集中在提供额外的价值，如购买即赠的优惠、会员专享折扣或是积分奖励计划，旨在通过提供更多的实际优惠来吸引他们的消费。

普通消费者通常较为敏感于价格变动，追求的是成本效益最大化。对于这一群体，促销活动应设计为直接的价格优惠、买一送一或是优惠券发放等形式，这些都是直接刺激购买意愿的有效方式。确保这些促销信息广泛传播，便于普通消费者快速获取和响应。

阶梯式销售法则要求企业不仅要深入了解不同消费者群体的特点和需求，还需要设计出灵活多样的促销方案来针对性地满足这些需求。

4.3.1.2 促销方案的常见类型

促销方案有多种类型，各种类型的促销方案针对不同的市场需求和消费者行为，设计了多样的激励措施，旨在短时间内提高销售额。比较常见的促销方案类型如下。

会员和积分促销。通过建立会员系统，消费者在购买时积累积分，积分可以在未来的购物中抵扣现金或兑换礼品。增加消费者的重复购买率，增强品牌与消费者之间的情感连接。积分系统常常伴随着会员等级，不同等级的会员享有不同的优惠和服务。

折扣促销。最直接和常用的促销方式之一，通过降低商品价格来吸引消费者。折扣可以是直接的价格降低，也可以是百分比折扣。这种促销方式简单直观，容易被消费者接受，并且能迅速增加销量，尤其适用于清理库存或在特定节日和促销季节推广新产品。

赠送样品。试用驱动的促销策略，尤其适用于新产品的市场推广。通过免费提供样品，消费者可以在没有购买风险的情况下尝试产品。这种体验营销有助于消费者直接了解产品的质量和效果，从而降低他们的购买抵触感，增加产品的接受度和后续购买可能性。

抽奖促销。通过设立奖品来激发消费者的参与兴趣。参与抽奖的条件通常是购买特定商品或达到一定的消费金额。抽奖的奖品可以多样，从小礼品到大奖不等。

优惠券促销。消费者在购买时出示优惠券即可享受折扣。优惠券可以通过多种渠道分发，如电子邮件等。

满减促销。鼓励消费者增加购买数量的常用方法，通常的做法是设定消费门槛，如"满 300 元减 50 元"，可以提高单次购买的金额，还可以有效地清理库存，增加各类商品的销售机会。

拍卖促销。一种更具互动性和娱乐性的销售方式，尤其适用于独特或限量的商品。通过公开竞价，消费者参与的积极性被激发。

4.3.2 家具用品促销方案制作步骤

▶ 步骤 01

利用 DeepSeek 对话功能，在对话框输入适当的提示词，尝试获取家居用品的外观描述，见图 4-1。

问：

请用 300 字左右描述某款沙发的外形特点。

请用300字左右描述某款沙发的外形特点。

这款沙发采用简约现代设计，整体线条流畅，轮廓柔和。主体框架由优质实木打造，表面经过精细打磨，呈现出自然的木纹质感。沙发靠背和坐垫采用高密度海绵填充，外层包裹着柔软细腻的绒布面料，触感舒适。靠背略微倾斜，符合人体工学设计，提供良好的腰部支撑。扶手部分宽大厚实，表面略微弧形，方便倚靠。沙发底部离地约15厘米，方便清洁，同时显得轻盈不笨重。配色以浅灰色为主，搭配深色木质框架，整体色调和谐统一。沙发尺寸适中，适合中小户型客厅，既能提供舒适的坐卧体验，又不会显得过于庞大。

图 4-1 DeepSeek 提供的家居用品外观描述

▶ 步骤 02

结合 DeepSeek 提供的家居用品外观描述，请 DeepSeek 继续生成文案，在对话框输入内容向其提问，见图 4-2。

> 问：
> 结合这款沙发的情况，请帮我制订合适的促销方案。

> 结合这款沙发的情况，请帮我制订合适的促销方案。

 针对这款沙发的促销方案：

目标客户： 追求舒适、注重生活品质的年轻人和小家庭，尤其适合居住在小户型的人群。

促销主题： "简约舒适，触手可及"

促销时间： 建议选择节假日、周末或电商平台大促期间进行，例如双十一、618等。

促销方案：

(1) 价格优惠：

限时折扣：例如，原价3999元，限时特价2999元，并赠送同色系抱枕一对。

满减优惠：例如，购买沙发满3000元减300元，并可叠加店铺优惠券使用。

套餐优惠：例如，购买沙发+茶几组合，立享8折优惠。

(2) 提升产品价值：

免费试用：提供7天无理由退换货服务，让消费者安心购买。

免费配送安装：提供免费送货上门和安装服务，解决消费者后顾之忧。

质保服务：提供2年质保服务，承诺出现质量问题免费维修或更换。

图 4-2 DeepSeek 提供的家具用品促销方案

▶ 步骤 03

促销方案内容翔实，包括促销活动的具体安排，宣传策略，以及注意事项等，接下来，要让 DeepSeek 帮助我们为促销方案设计吸睛的宣传文案，宣传文案不需要太长，但是要有一定的吸引力，见图 4-3 和图 4-4。

> 问：
> 结合以上促销方案，帮我撰写促销宣传文案，字数50，要求具有吸引力。

结合以上促销方案，帮我撰写促销宣传文案，字数50，要求具有吸引力。

 促销宣传文案 (50字):

简约舒适沙发，限时特惠2999元！高品质实木框架，柔软绒布面料，人体工学设计，打造舒适居家体验。立即抢购，享受品质生活！

其他可选文案：

告别疲惫，拥抱舒适！ 简约现代沙发，限时特价2999元，赠抱枕一对，数量有限，先到先得！

小户型福音！ 舒适不占地，高颜值沙发限时抢购，2999元带回家，享受惬意生活！

品质生活，触手可及！ 简约舒适沙发，限时特惠2999元，免费送货安装，2年质保，放心购！

建议：

可以根据不同的推广渠道和目标客户，选择合适的文案风格和侧重点。

可以使用表情符号、数字等元素，增强文案的吸引力。

可以搭配精美的产品图片或视频，提升宣传效果。

图 4-3 DeepSeek 提供的家居用品促销宣传文案（1）

问：

请多来几组，作为备选。

促销宣传文案备选（每组50字）：

第一组：

告别将就，拥抱舒适！ 简约现代沙发，限时特价2999元，赠抱枕一对，数量有限，先到先得！

小户型福音！ 舒适不占地，高颜值沙发限时抢购，2999元带回家，享受惬意生活！

品质生活，触手可及！ 简约舒适沙发，限时特惠2999元，免费送货安装，2年质保，放心购！

第二组：

疲惫一天，回家只想瘫在沙发上！ 舒适透气，久坐不累，限时特价2999元，快来抢购吧！

提升客厅格调，从这款沙发开始！ 简约设计，百搭时尚，限时特惠2999元，打造理想家居！

给家人最好的呵护！ 环保材质，舒适承托，限时特价2999元，享受温馨时光！

第三组：

抢到就是赚到！ 高品质沙发限时特价2999元，错过再等一年！

舒适升级，价格直降！ 简约现代沙发，限时特惠2999元，享受品质生活！

图 4-4 DeepSeek 提供的家居用品促销宣传文案（2）

▶ **步骤 04**

针对上文已经生成的促销宣传文案，请 DeepSeek 对其进行润色，见图 4-5。

请对这几组宣传文案进行润色

深度思考 (R1)　　联网搜索

图 4-5 请 DeepSeek 对家居用品促销宣传文案进行润色

> **润色后的促销宣传文案（每组50字）：**
>
> **第一组：**
>   告别将就，拥抱舒适！简约现代沙发，限时特价 ¥2999，赠时尚抱枕一对，数量有限，先到先得！
>   小户型福音！舒适不占地，高颜值沙发限时抢购，¥2999 带回家，享受惬意生活！
>   品质生活，触手可及！简约舒适沙发，限时特惠 ¥2999，免费送货安装，2年质保，放心购！
>
> **第二组：**
>   疲惫一天，回家只想瘫在沙发上！舒适透气，久坐不累，限时特价 ¥2999，快来抢购吧！
>   提升客厅格调，从这款沙发开始！简约设计，百搭时尚，限时特惠 ¥2999，打造理想家居！
>   给家人最好的呵护！环保材质，舒适承托，限时特价 ¥2999，享受温馨时光！
>
> **第三组：**
>   抢到就是赚到！高品质沙发限时特价 ¥2999，错过再等一年！
>   舒适升级，价格直降！简约现代沙发，限时特惠 ¥2999，享受品质生活！
>   限时抢购，手慢无！高颜值舒适沙发，¥2999 带回家，打造温馨小窝！
>
> **第四组：**

图 4-6 DeepSeek 对家居用品促销宣传文案润色的结果（篇幅所限仅展示局部）

经过润色后，DeepSeek 所提供的促销宣传文案内容更加优质，选择最合适的宣传文案，并且和已经生成完毕的促销方案进行结合，一份合适的促销方案便制作完成了，见图 4-6。

4.3.3 数码产品促销方案制作步骤

▶ 步骤 01

利用 DeepSeek 对话功能，在对话框输入问题，获得数码产品促销相关的答案，尝试获得某数码产品的基本信息介绍，见图 4-7。

> **问：**
>
> 请用 200 字详细介绍某智能手表的基本信息，包括功能、特点、优势等（不要出现真实名字）。

请用200字详细介绍某智能手表的基本信息，包括功能、特点、优势等（不要出现真实名字）。

 智能手表 X200 简介

这款智能手表采用1.75英寸高清AMOLED触摸屏，显示清晰细腻。内置高性能处理器，运行流畅不卡顿。支持蓝牙通话、信息提醒、心率监测、睡眠监测、血氧检测、多种运动模式等实用功能。内置GPS模块，可精准记录运动轨迹。支持NFC功能，可实现公交卡、门禁卡模拟，方便出行。续航方面，内置300mAh电池，正常使用时可达7天，支持磁吸快充。表带采用亲肤硅胶材质，佩戴舒适透气。支持50米防水，游泳、淋浴无需摘下。

特点：

　高清大屏，显示清晰

　功能全面，实用性强

　续航持久，充电便捷

　佩戴舒适，防水耐用

图 4-7 DeepSeek 提供的某智能手表基本信息

▶ 步骤 02

结合 DeepSeek 已经生成的某智能手表相关信息，向 DeepSeek 继续提问，请它设计并撰写某智能手表的促销方案作为备选，见图 4-8。

> **问：**
> 结合某智能手表的相关信息，帮我制订合适的促销方案。

结合某智能手表的相关信息，帮我制订合适的促销方案。

 智能手表 X200 促销方案

目标客户：
　　追求时尚科技的年轻人
　　注重健康管理的用户
　　热爱运动的健身爱好者

促销主题："智享生活，触手可及"

促销时间： 建议选择节假日、周末或电商平台大促期间进行，例如双十一、618等。

促销方案：

(1) 价格优惠：
　　限时折扣： 例如，原价799元，限时特价599元，并赠送表带一条。
　　满减优惠： 例如，购买智能手表满500元减50元，并可叠加店铺优惠券使用。

图 4-8 DeepSeek 提供的智能手表促销方案（篇幅所限仅展示局部）

▶ 步骤 03

针对 DeepSeek 生成的促销方案，请它根据促销方案继续撰写促销宣传文案，宣传文案要尽量达到"一眼吸睛"的效果，DeepSeek 提供的智能手表促销宣传文案见图 4-9。

> 问：
> 结合以上促销方案，帮我撰写促销宣传文案，字数50，要求具有吸引力。

结合以上促销方案，帮我撰写促销宣传文案，字数50，要求具有吸引力。

智能手表 X200 促销宣传文案 (50字):

智享生活，触手可及！高清大屏，全面健康监测，超长续航，限时特价 ¥599，赠时尚表带，数量有限，速来抢购！

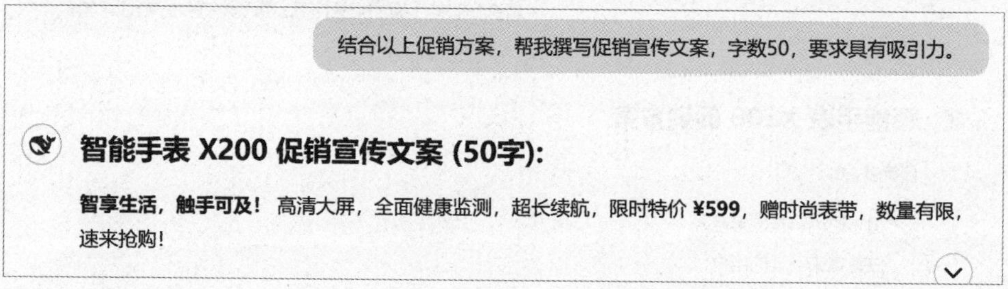

图 4-9 DeepSeek 提供的智能手表促销宣传文案

▶ 步骤 04

请 DeepSeek 对宣传文案进行润色，达到更优的效果，用于最终的促销方案之中。将宣传文案复制粘贴在对话框中，点击右下角的润色选项。

> **润色后的智能手表 X200 促销宣传文案 (50字):**
>
> **智享生活，触手可及！** 高清大屏，全面健康监测，超长续航，限时特价 **¥599**，赠时尚表带，数量有限，速来抢购！⚡
>
> **其他可选文案：**
>
> **运动达人必备！** 精准GPS，多种运动模式，限时特价 **¥599**，开启活力新生活！🏃🏃
>
> **健康生活，从腕开始！** 心率血氧睡眠监测，限时特惠 **¥599**，呵护您的每一天！❤
>
> **科技时尚，尽在腕间！** 高清触控，蓝牙通话，限时抢购 **¥599**，错过再等一年！⏳
>
> **润色说明：**
>
> 添加了表情符号，增强文案的吸引力和趣味性。
>
> 部分文案调整了语序，使其更加流畅自然。
>
> 保留了价格部分的加粗和货币符号，更加醒目。

图 4-10 DeepSeek 润色后的宣传文案内容

DeepSeek 润色后的宣传文案内容见图 4-10，经过润色后，DeepSeek 所提供的促销宣传文案内容更加优质，选择最合适的宣传文案，并且和已经生成完毕的促销方案进行结合，一份合适的促销方案便制作完毕了。

在数智技术快速发展的数字化时代,AI 技术正在革新传统的设计行业,这让商品海报的设计转变了传统模式,通过算法大幅提高设计效率,创造出诸多个性化的视觉作品。因此,利用 AI 技术优化商品海报设计成为一种重要的宣传手段。在本章中,笔者将带领读者探索如何使用通义万相这一 AI 工具来生成商品海报。

手把手教你用 AI：
生成商品海报

第 5 章

5.1 通义万相操作介绍

5.1.1 登录

图 5-1 登录（1）

通义万相登录界面见图 5-1 和图 5-2，打开通义万相主页面，可以看到左下角蓝紫色选项框写有立即登录，左键单击立即登录，弹出一个新的对话框。

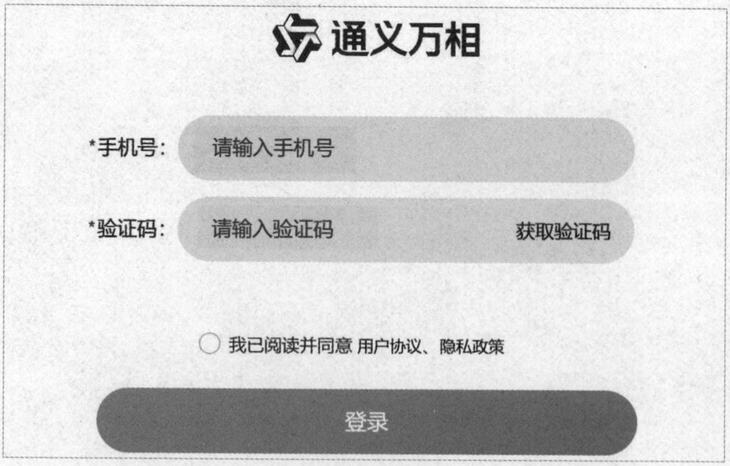

图 5-2 登录（2）

见图 5-2，通义万相登录框弹出，推荐登录方式为手机验证码登录，输入自己的手机号，点击获取验证码，并将收到的验证码输入上去，勾选"我已阅读并同意用户协议、隐私政策"，点击登录，便可进入通义万相的正式创作使用界面，通义万相手机登录见图 5-3。

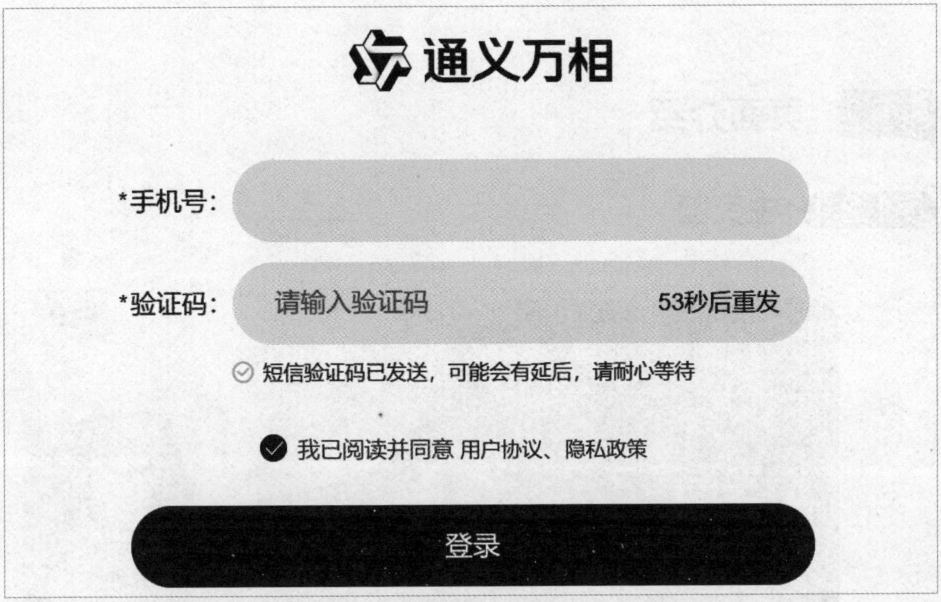

图 5-3 登录（3）

图 5-4 登录（4）

见图 5-4，登录成功后，使用者可在主页面查看本人账户的灵感值，灵感值可用于生成图片和视频，如果灵感值不足，则暂时无法继续进行 AI 生成。在画面左下角"我的"选项中，可以查看账号相关的各种信息。

5.1.2 页面介绍

5.1.2.1 主页面

图 5-5 主页面（1）

见图 5-5，通义万相主页面，显示大量的图像与视频案例，可供使用者浏览观看，也可作为素材使用。主页面中最重要的内容是左侧选项栏的各个选项，涉及通义万相的主要功能，如图 5-5 红框中所示，包括文字作画、视频生成、应用广场等，使用者可根据自己的需求选择进入各个版块。

图 5-6 主页面（2）

见图 5-6，主页面右上方的对话框，随即出现优质提示词，作为尝试，使用者可点击生成同款。

图 5-7 主页面（3）

见图 5-7，点击生成同款后，通义万相迅速为我们生成了四副（篇幅所限展示两幅）符合提示词的画作，作品精美，清晰度较高。

5.1.2.2 文字作画页面

图 5-8 文字作画页面（1）

见图 5-8 和图 5-9，在文字作画页面，最主要也是最常用的版块是左侧部分，主要包括对话框、创意模板、参考图、图片比例。同时通义万相还具备智能扩写和咒语书功能，利用这两项功能，可以为使用者提供创作思路，完善提示词用语，起到事半功倍的效果。

图 5-9 文字作画页面（2）

第 5 章 手把手教你用 AI：生成商品海报

5.1.2.3 视频生成页面

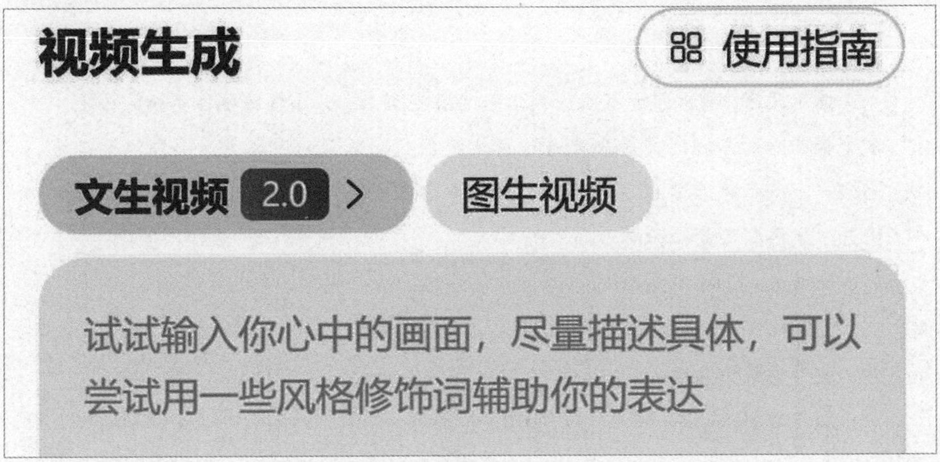

图 5-10 视频生成页面（1）

见图 5-10 和图 5-11，视频生成页面，用户可在此进行编辑，生成自己想要的视频作品。主要的操作区仍在左侧，可选择文生视频或图生视频。如果使用者有现成的图片，使用图生视频一般会更加贴近。

左侧版块可选择视频比例，是否开启灵感模式，是否开启视频音效等。

图 5-11 视频生成页面（2）

右侧版块作品记录的右上角有参数详情选项，使用者可点击打开，查看作品的详细参数。点开后，视频的提示咒语等相关要素全部展示出来。

提示咒语：视频展示了在一间温馨的卧室里，一只小猫蜷缩在柔软的床上，享受着宁静的午睡时光。阳光透过窗户洒在它毛茸茸的身体上，小猫偶尔轻微地动一下，仿佛在梦中追逐着什么。整个场景充满了平静和温暖，小猫的呼吸均匀，显得非常放松和安心。
生成方式：文生视频
视频比例：16∶9
灵感模式：开启
创作时间：2024-10-11 17:46:53

如果对生成记录比较满意，可以点击右下角的复用创意、再次生成，模拟该作品，继续生成优秀作品。

5.1.2.4 应用广场

图 5-12 应用广场页面

在通义万相的应用广场页面,使用者可选取许多现成的模式、场景。在这里如果能够选到自己需求的生成模式,就省去了提示词描述的步骤,让创作变得更加便捷、简单,见图 5-12。

主要包括文字作画、涂鸦作画,见图 5-13 和图 5-14、相似图生成、风格迁移、艺术字、虚拟模特、写真馆、视频生成等。

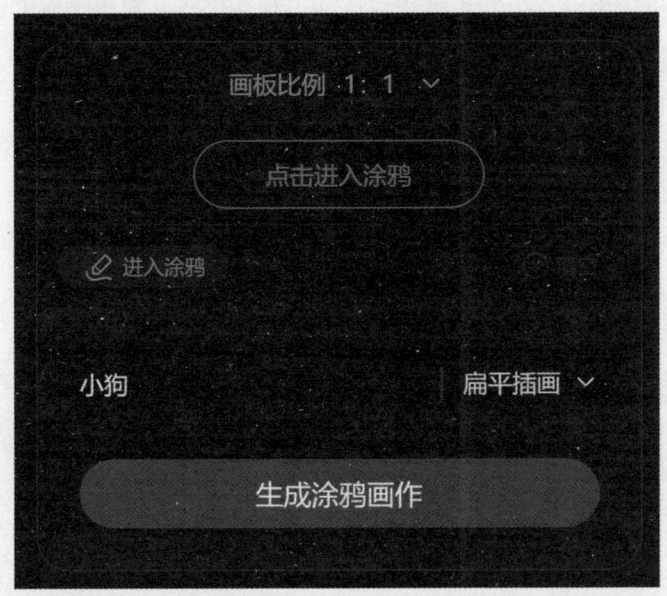

图 5-13 应用广场涂鸦作画(1)

图 5-14 应用广场涂鸦作画(2)

在应用广场涂鸦作画页面，可调整画板比例，上传涂鸦原型，并输入创意描述，辅助作出优秀的涂鸦作品，如可爱的小狗，见图5-14。

5.1.3 文字作画

文字作画，即输入合适的文字（提示词），生成符合提问者要求的图片。文字作画支持中英双语。使用者也可以通过智能扩写、咒语书辅助创意，提出更贴切的要求。

5.1.3.1 选择创作模型

通义万相文字作画的创作模型有三种，分别是万相2.0极速、万相2.0专业和万相1.0通用，见图5-15。

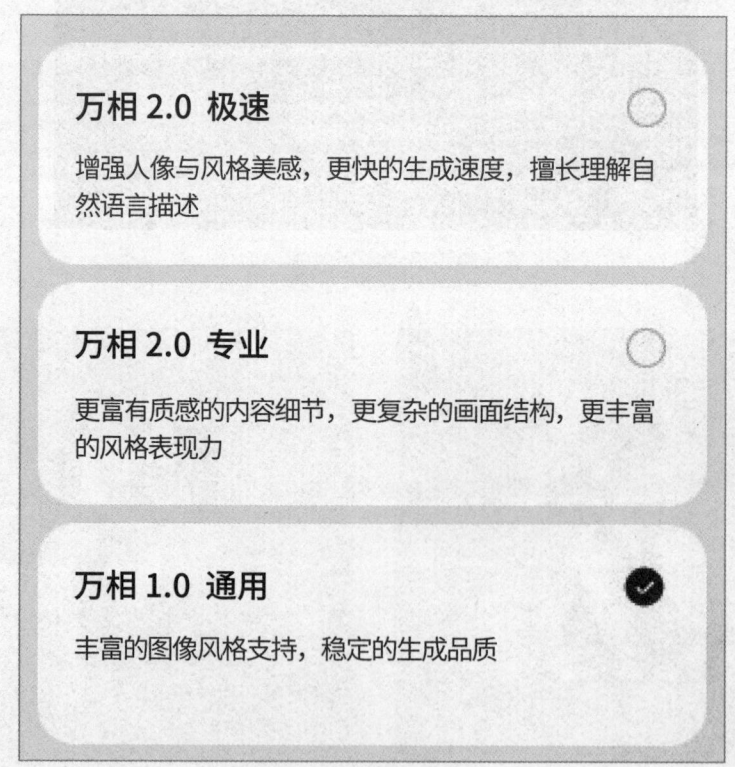

图5-15 选择创作模型

万相 2.0 极速：增强人像与风格美感，更快的生成速度，擅长理解自然语言描述。

万相 2.0 专业：更富有质感的内容细节，更复杂的画面结构，更丰富的画面风格表现力。

万相 1.0 通用：丰富的图像风格支持，稳定的画面品质。

5.1.3.2 提示词撰写（创意描述）

在文字作画的主页面点击创意描述框，在这里可以输入自己心中设想画面的语言描述，使用者在描述的时候要尽量描述得具体一些，加入具有限定性的提示词，辅助修饰画面风格。

提示词是影响生成画面作品的最关键的因素之一，运用合适的提示词会显著提升画面的品质感。常规的提示词撰写有既定的公式，按照公式的提示可以让图片画面更加合理并贴近现实。

常规公式：提示词 = 主体 + 场景 + 风格

主体：主体指的是画面中的主要对象，比如一个人、一个动物、一株植物等。

场景：场景指图片主体所处的环境，环境可以是室内、室外、冬季、夏季等各种虚构的空间，使用者可以通过语言来界定。

风格：风格指画面的艺术风格，比如现实风格、艺术风格、抽象风格等。

以上三方面（主体、场景、风格）可以奠定画面的整体基调，大致描述出画面主要内容。

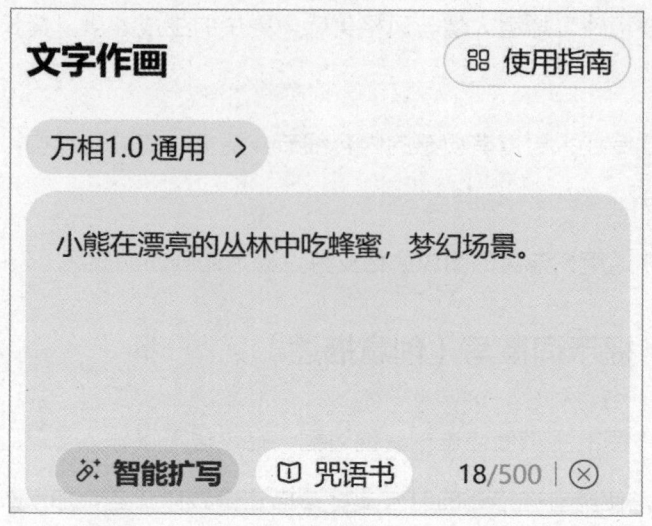

图 5-16 提示词

提示词示例：小熊在漂亮的丛林中吃蜂蜜，梦幻场景，见图 5-16。如果你是具有一定经验的用户，想要尝试进阶模式，那么不妨了解一下 AI 生图的进阶公式，这类公式的要素更加丰富，在基本公式的基础上加入了更加丰富细致的描述，能够显著提升画面的质感，丰富画面的表现力。

进阶公式：提示词 = 主体 + 场景 + 风格 + 镜头语言 + 氛围词 + 细节修饰

进阶公式中的镜头语言、氛围词、细节修饰的灵活度比较高，在撰写的时候要考虑许多因素。镜头语言包含景别、视角等，景别是画面中呈现范围大小的区别，如远景、全景、中景、近景、特写等，这些要素影响画面的聚焦距离。视角是画面中拍摄所选取的视角或角度，如平视、俯视、仰视等。氛围词是对预计画面氛围的描述，如孤独感、梦幻感、压迫感等。细节修饰是对于画面具体细节的精细优化，从而完善画面的细节表现力，使用者可根据自己对于画面的理解和预期来进行描述，大到整个场景的布局，小到主体身上的小细节，都囊括在内。

进阶公式完整版示例：由羊毛毡制成的大熊猫，头戴大檐帽，穿着蓝色警服马甲，扎着腰带，携带械装备，戴着蓝手套，穿着皮鞋，大步奔跑姿态，毛毡效果，周围是动物王国城市街道商户，高级滤镜，路灯，动物王国，奇妙童趣，憨态可掬，夜晚，明亮，自然，可爱，4K，毛毡材质，摄影镜头，居中构图，毛毡风格，皮克斯风格，逆光。

提示词具有智能扩写和咒语书的选项，通过这两个选项，使用者可以在撰写提示词的时候获得帮助。

智能扩写，也可被称作灵感模式，点击智能扩写后，使用者只需要输入比较简单的提示词，系统就能够据此生成比较风格的提示句，触发该功能后，提示词会非常丰富，能够有效增加语言的表现力，不过系统生成的内容可能与使用者心中想象的有些偏差，如果不符合自己的需求还需要手动调整一下，见图5-17和图5-18。

灵感扩写   ✕

CGI动画风格，一只棕色小熊在色彩斑斓的奇幻丛林中快乐地舔食蜂蜜。小熊圆润可爱，眼神充满好奇与满足。它身边是一棵巨大的树洞，里面藏着一罐金色蜂蜜，周围散落着蜂蜜滴落的痕迹。丛林里有各种奇异花卉和蘑菇，光线透过茂密的树叶洒下斑驳光影，营造出神秘而温馨的氛围。超现实主义风格，强调色彩对比与光影效果，构图平衡和谐。

155/500 ⊗

使用扩写结果

图 5-17 智能扩写（1）

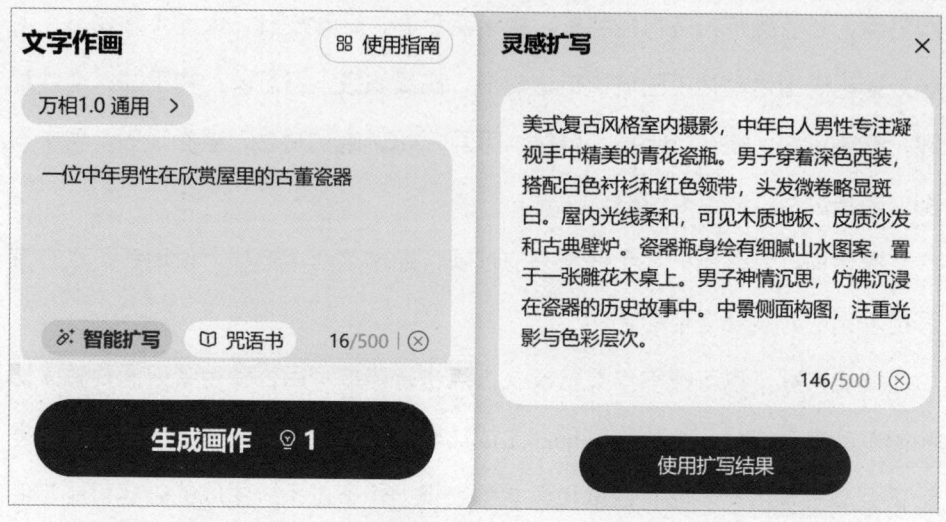

图 5-18 智能扩写（2）

咒语书，可以为使用者提供非常丰富的备选参考提示词，涉及的方面非常丰富，包括风格、光线、材质、渲染、色彩、构图、视角等。接下来尝试用咒语书来组成一套比较完善的提示词。例如，印象派，轮廓光，彩色玻璃工艺，虚幻引擎，柔和色彩，等距视图，微距镜头。

5.1.3.3 选择创意模板

图 5-19 选择创意模板（1）

创意模板能够为使用者提供许多备选的画作风格，通过选择创意模板，可以有效控制画面的元素内容。该功能主要包括风格和形象两类，前者擅长控制画面的笔触和表现方式，后者擅长控制画面中的主体类型，见图 5-19。

图 5-20 选择创意模板（2）

选择创意模板后，可以调整模板在画作的占比，控制画面风格的走向，见图 5-20。

5.1.3.4 上传参考图

参考图，是对画面作品起到很重要参考作用的图片，使用者可通过点击或拖动上传图片两种方式来上传参考图，见图 5-21。

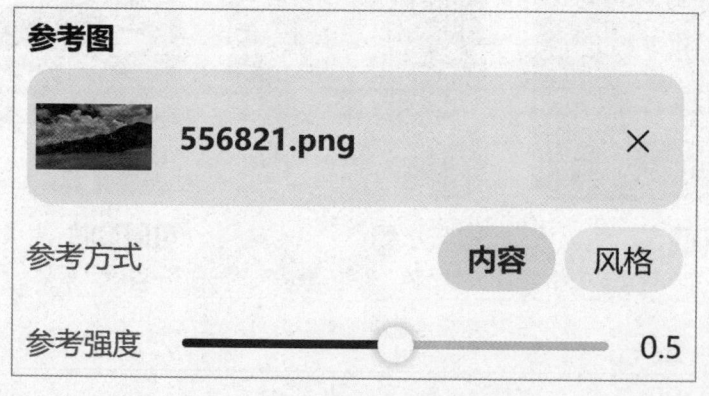

图 5-21 上传参考图

图片选择完成后，可调节参考图的参考方式和参考比重。参考方式包括内容和风格两种，内容，侧重于让画作模拟参考图的内容；风格，侧重于让画作模拟参考图的风格。

参考强度，指的是画作对于参考图的参照比重，调节幅度在"0～1"，强度越大，参照比重越大。

5.1.3.5 调节画面比例

画面比例根据作画的模式不同,有不同的选项,见图 5-22 和图 5-23。

图 5-22 万相 1.0 通用模式画面比例

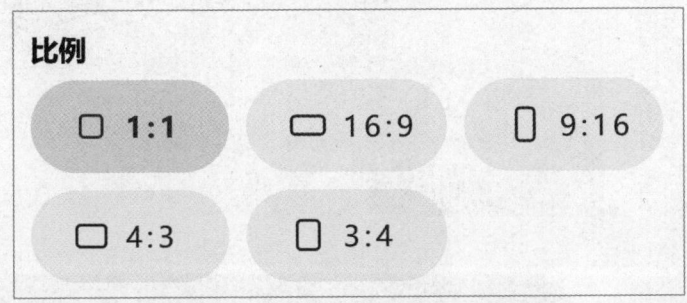

图 5-23 万相 2.0 极速 / 专业模式画面比例

不同的画面比例能够营造差异化的氛围感,而且适用于不同的屏幕尺寸,一般来说,1∶1 的比例适用于大多数情况,而 16∶9 和多数电脑屏幕相当,而 9∶16 和多数手机屏幕相当。

5.1.4 视频生成

通义万相的视频生成基本包括文生视频和图生视频两种模式,前者完全依靠文字来描述和限制视频作品;后者依靠文字 + 参考图来生成视频。

5.1.4.1 文生视频

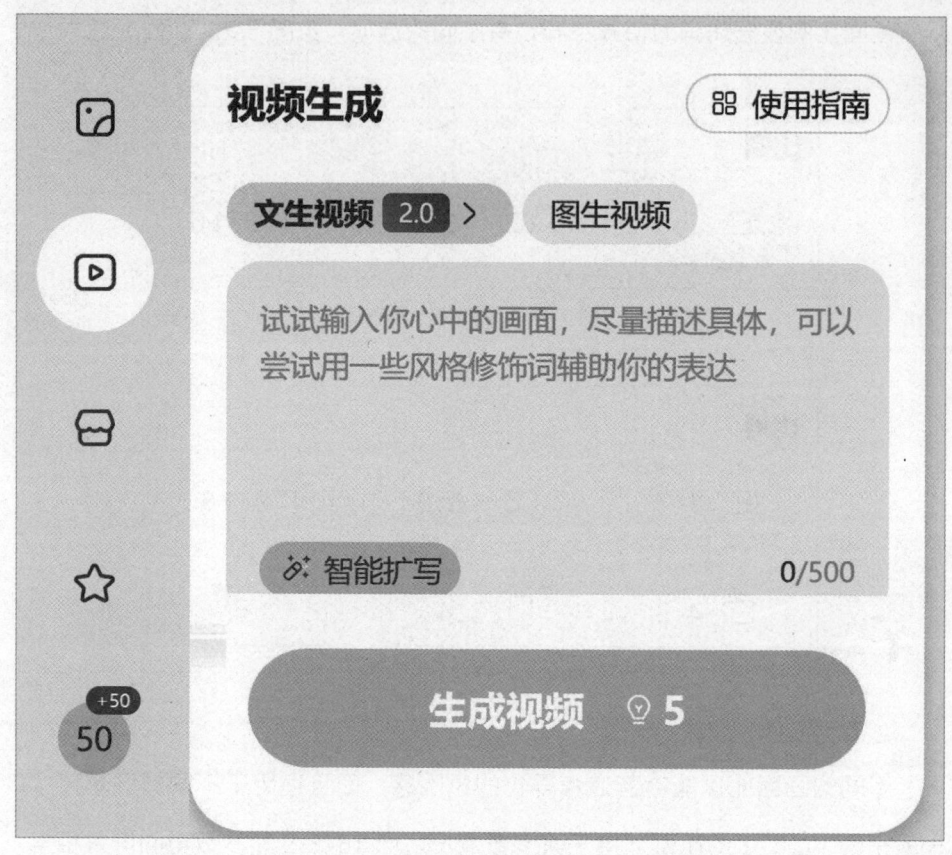

图 5-24 文生视频

见图 5-24，文生视频通过输入文字提示词生成视频内容。文生视频提示词公式：

> 提示词 = 主体 + 场景 + 运动

主体是视频中的主体对象，主体对象可以是任何人或物，如成人、小孩、动物、植物，甚至是现实中不存在的现实事物也可以作为主体。

场景是视频中的主体所存在的空间、环境，通过细致的语言描述，勾画出想象中或现实中的空间。

运动是视频中主体或非主体的运动状态，用户可对其进行描述，令其处于静止或各类运动状态，而且可通过进阶操作，控制物体的运动轨迹或运动模式。

文生视频同样提供灵感扩写功能，用户在没有灵感的时候，可利用 AI 灵感扩写，获得完善化的提示词描述，用来提升视频的表现力，让作品更加贴合自己的预期。

5.1.4.2 图生视频

见图 5-25，图生视频以既定的图片作为视频作品的首帧，配合文字创意描述，支持中英双语描述，生成预期视频作品。

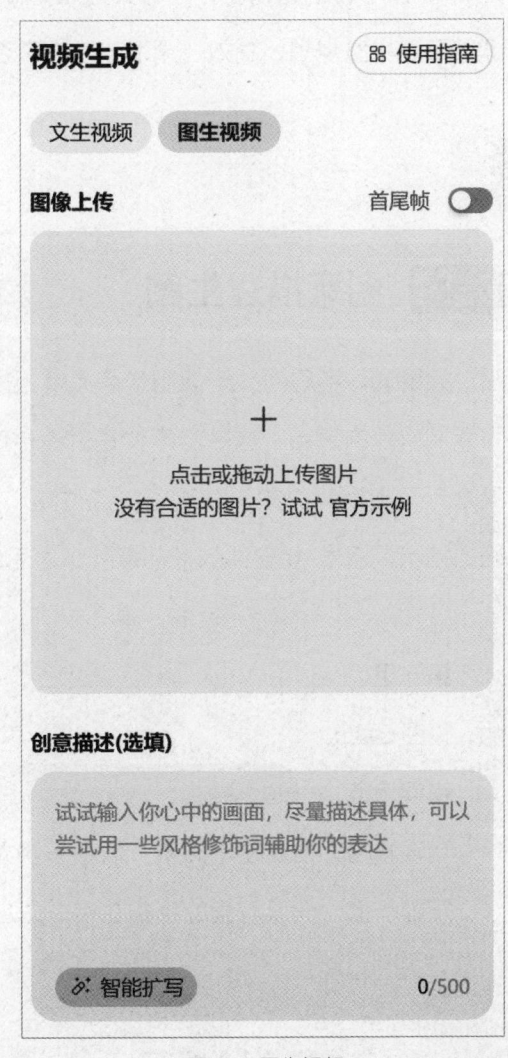

图 5-25 图生视频

5.2 通义万相海报设计

在数字化时代，商品海报设计已不再是传统的手绘或简单排版，而是融入了 AI 技术的智能化创作。通义万相为商品海报的设计带来了革命性的变革。通过精心布局规划，高效、精准地生成符合品牌调性和市场需求的商品海报。

5.2.1 创意描述生图

如果说，利用通义千问制作商品海报是一次远航，那么撰写创意描述便成为我们航程的起点。这一步不仅是对设计理念的提炼，更是对商品特性、目标受众以及市场趋势的深刻洞察。通过精心构思的创意描述，能够给 AI 软件明确的指示，激发 AI 软件的"创意"，为后续的设计工作奠定坚实的基础。

第一组：

见图 5-26。

错误示范：一只小猫。

错误原因：描述过于简单，信息不够充分，不足以贴合预期。

正确示范：一只可爱的小猫在院子里坐着，卡通动漫风格。

图 5-26 第一组效果展示

作品充满趣味性，色彩搭配和谐且富有活力。卡通小猫非常可爱，大大的眼睛和蓬松的尾巴等细节处理，让小猫的形象立体生动。

第二组：

见图 5-27。

错误示范：有现代感的古风美女。

错误原因：风格指向不明确，古风和现代本就是一对矛盾词，这样生图可能会导致图片作品风格混乱。

正确示范：一位身着华丽汉服的古风美女，融合现代审美元素，简洁发饰和淡雅妆容，背景为古风建筑。

图 5-27 第二组效果展示

海报女主身穿精美的传统服饰，服饰简约大方，充分展现中国古典美的特点。虚化的背景结合传统建筑，体现中国文化的历史底蕴，使得整个画面更加生动，同时增强了海报的艺术感染力。

第三组：

见图 5-28。

错误示范：好看的电子表。

错误原因：描述太简单，只有主体，没有其他要素。

正确示范：一款设计精美的手表，清晰的表盘，表盘为蓝宝石镜面，表带为优质不锈钢材质，整体风格简约时尚，适合日常佩戴。

图 5-28 第三组效果展示

海报手表商品基本符合提示词的描述和限制，手表外观大气，表盘镜面平滑闪耀，彰显出一种奢华的气质，具有很强的品质感。

5.2.2 创意模板生图

创意模板生图，不是完全依靠文字，在点击确定生图之前，先选择一款符合自己要求或与自己要求接近的创意模板。

通义万相给出了许多创意模板供用户选择。

见图5-29，可以看到创意模板的内容非常丰富多元化，包括风格与形象，风格侧重画风，形象侧重图片作品中的具体形象。

创意模版

风格 形象

3D卡通
擅长人像、宠物、建筑和…

复古漫画
擅长人像、街景、自然风光

黏土世界
擅长人像、宠物、建筑

厚涂原画
擅长人像和场景

国风水墨
擅长人像、山水、建筑

可爱涂鸦
擅长人像、宠物

治愈
擅长风景、场景、人像

莫奈花园
擅长风景、建筑、人像

童年绘本
擅长人像、故事描述

图 5-29 创意模板

第一组：

见图 5-30 和图 5-31。

创意描述：一位女孩轻柔地抱着一只猫咪，猫咪毛发细腻柔软。背景是房屋，营造出一种宁静而温馨的氛围。

创意模板：3D 卡通风格，强度 0.5。

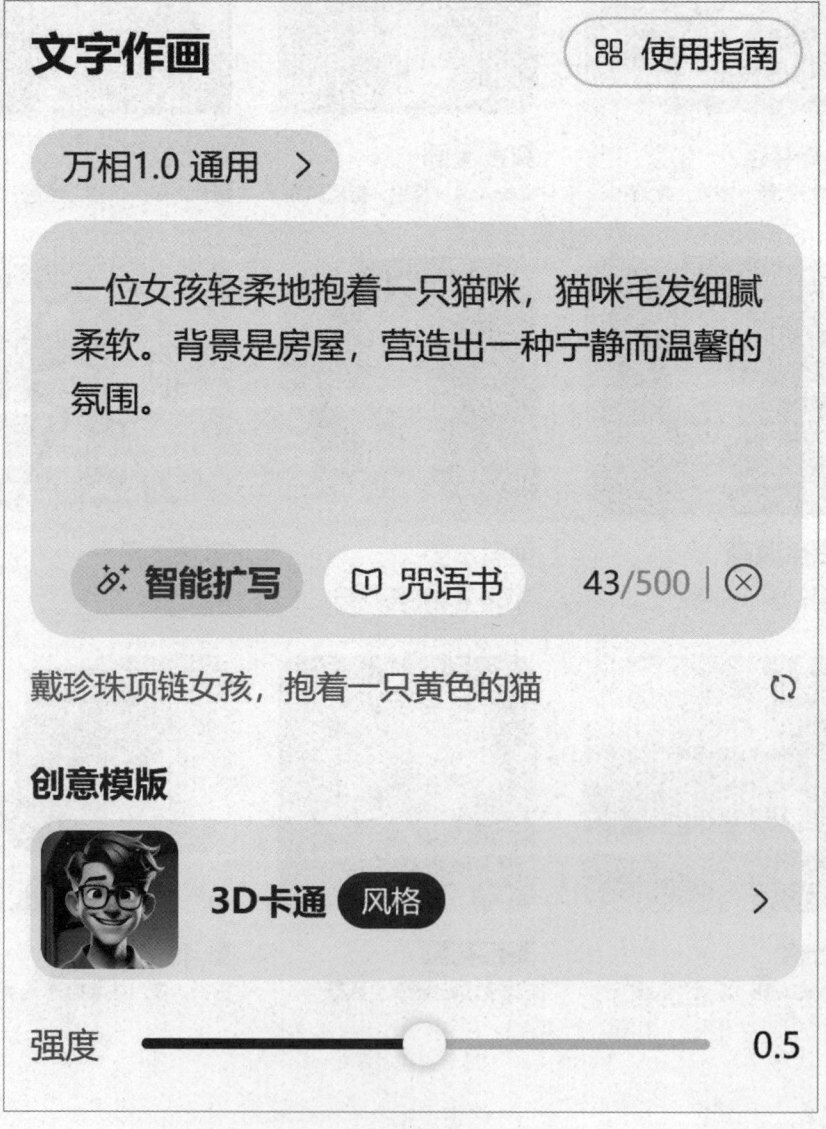

图 5-30 3D 卡通风格（1）

图 5-31 3D 卡通风格（2）

第二组：

见图 5-32 和 图 5-33。

创意描述：可爱小公主，头上戴着王冠，穿着公主裙，身旁有一只可爱的卡通小兔子，童话森林，阳光明媚。

创意模板：Q 版风格，强度 0.3。

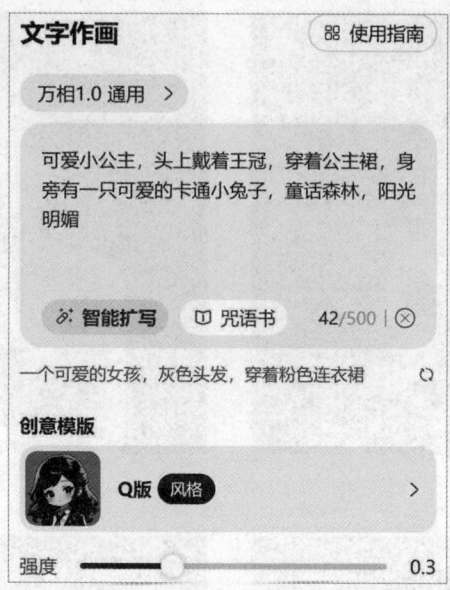

图 5-32 Q 版风格（1）

图 5-33 Q 版风格（2）

第三组：

见图 5-34 和图 5-35。

创意描述：二次元男孩黑色碎发，黄色上衣，大眼睛，笑脸。

创意模板：二次元风格。

强度：0.6。

图 5-34 二次元风格（1）

图 5-35 二次元风格（2）

5.2.3 图片作品重绘与优化

到这里，我们已经了解了通义万相生成图片作品的基本操作，但是常规的操作有时并不能完成高标准的产品，或者有时用户并没有得到最符合预期的作品。所以接下来我们将了解 AI 商品海报的进阶妙招，学会优化完善图片作品，让它们在经过进一步的操作步骤后，变得更趋近于完美。

5.2.3.1 耳机商品海报

创意描述：头戴式耳机，高级皮革包裹，整体设计简约而不失时尚感，写实风格，见图5-36。

图5-36 耳机（1）

通义千问生成的这四张商品海报中,右上角的耳机海报简约不失时尚,选取该海报作为候选,对其进行进一步优化。

图 5-37 耳机(2)

图 5-38 耳机(3)

光标移动至通义千问图片生成页面该海报出,出现图 5-37 所示的选项,点击局部重绘,弹出新页面。

由于该耳机头戴部分与耳罩部分的连接处过细,和常规的耳机形制不符,选择画笔,将其进行涂抹,然后点击重绘画作,见图 5-37 和图 5-38。

图 5-39 耳机（4）

头戴式耳机海报生成结果见图 5-39。

5.2.3.2 夹克商品海报

创意描述：男款夹克，精致干练，简约大方，酷帅休闲，充满力量感，见图 5-40。

图 5-40 夹克（1）

根据创意描述生成的四张图片作品中，右上角的图片最符合要求，我们选择这张照片作为进一步优化的参考图，对其进行细致处理。

图 5-41 夹克（2）

见图 5-41，这张图片作品基本符合创意描述，不过夹克的装饰较多，显得不够成熟干练，用矩形框框出夹克上面的口袋等区域，进行重绘，见图 5-42。

图 5-42 夹克（3）

5.2.3.3 玩具模型商品海报

创意描述：小船玩具模型，木质结构，细腻雕刻，金属配件，背景为简约木质桌面，光线柔和，等距视图，见图5-43。

图5-43 玩具模型（1）

相比于其他几幅作品，左下角的图片没有明显的硬伤，但是船帆的造型不够完美，选择该图片进行进一步优化，见图5-44。

图 5-44 玩具模型（2）

AI 生成玩具模型作品结果见图 5-45。

图 5-45 玩具模型（3）

5.3 优质 AI 海报展示

5.3.1 都市宣传海报

软件版本：万相 2.0 极速。

创意描述：夜幕低垂，城市霓虹闪烁。一位身着长裙的女性，背对着繁华都市，长裙随风轻扬。

灵感模式：关闭。

比例：1∶1。

案例一见图 5-46。

图 5-46 案例一

5.3.2 智能手表海报

软件版本：万相 2.0 极速。

创意描述：未来感十足的都市街头，一位青年佩戴着智能手表，背景中高楼大厦的轮廓被夕阳照耀。

灵感模式：关闭。

比例：1∶1。

案例二见图 5-47。

图 5-47 案例二

5.3.3 半山民宿海报

软件版本：万相2.0极速。

创意描述：清晨，阳光洒在一杯饮品上。传递出自然与健康的理念。背景中群山环绕，云雾缭绕。

灵感模式：关闭。

比例：1∶1。

案例三见图5-48。

图5-48 案例三

5.3.4 智能家居海报

软件版本：万相 2.0 极速。

创意描述：温馨的居家环境中，智能家居设备，智能灯光、窗帘、音响等设备。

灵感模式：关闭。

比例：1：1。

案例四见图 5-49。

图 5-49 案例四

5.3.5 汽车宣传海报

软件版本：万相 2.0 极速。

创意描述：雪山之巅，豪华 SUV 展现不凡的尊贵气质，汽车缓缓前行。背景雪山、冰川与天空交相辉映。

灵感模式：关闭。

比例：1∶1。

案例五见图 5-50。

图 5-50 案例五

5.3.6 咖啡机宣传海报

软件版本：万相 2.0 极速。

创意描述：在温馨的咖啡馆内，一款高端咖啡机正在自动研磨咖啡豆，精美的室内装饰赏心悦目，咖啡馆的装饰与氛围营造出一种高雅品味空间。

灵感模式：关闭。

比例：1∶1。

案例六见图 5-51。

图 5-51 案例六

5.3.7 口红宣传海报

软件版本：万相 2.0 极速。

创意描述：口红，立于化妆台上，金属质感外壳。

灵感模式：关闭。

比例：1∶1。

案例七见图 5-52。

图 5-52 案例七

5.3.8 护肤品宣传海报

软件版本：万相 2.0 极速。

创意描述：鲜花旁，一瓶高端护肤品，细腻质地，优雅气质。

灵感模式：关闭。

比例：1∶1。

案例八见图 5-53。

图 5-53 案例八

AI软件能够帮助营销从业者快速完成营销视频的创意生成和产品制作,帮助从业者节省大量时间。相较于人工制作的营销视频,AI营销视频除了高效性的优点外,还有完成一些高难度的场景构建,这对营销从业者绝对是一个良好的契机。

手把手教你用 AI：
制作营销视频

第 6 章

6.1 AI 视频影响力超乎你想象

6.1.1 AI 视频

AI 视频，是指利用人工智能技术制作、编辑或增强视频内容的过程。这种技术已经成为视频制作领域的一项革命性进展，它改变了传统视频制作的流程，提高了制作效率，并开启了个性化视频内容的新篇章。AI 视频制作主要利用机器学习模型来自动化编辑任务，例如剪辑、配色、声音编辑等。这些任务传统上需要大量的手工操作，但通过 AI，可以快速完成并且保持高质量标准，包括分析视频中的色彩和光线，自动调整以达到最佳视觉效果，或者根据视频内容自动选择合适的背景音乐和声音效果等等。

AI 视频技术能够通过深度学习模型理解视频内容，识别出视频中的人物、物体和场景。这种理解能力让 AI 能够自动标记视频中的关键元素，帮助内容创建者进行更精准的编辑和内容推荐。例如，在体育赛事直播中，AI 能够识别出重要的比赛时刻，自动进行剪辑和回放，极大地提升了观赛体验。

AI 技术通过生成对抗网络（GANs）等技术，创建逼真的视频场景或改变视频中人物的表情和动作。这在电影制作、广告创意以及虚拟现实（VR）内容的创建中具有巨大的潜力。电影制作中可以利用 AI 生成复杂的特效场景，而无须实际搭建场景或进行复杂的后期制作。AI 通过自然语言处理（NLP）技术，实现视频内容的自动字幕生成，支持多语言转换，让不同语言的观众都能理解视频内容，分析观众的观看习惯和偏好，为他们推荐个性化的视频内容，提升用户体验。

6.1.2 AI 视频席卷市场

如今，利用 AI 技术制作营销短视频已经成为一种潮流。随着社交媒体和网络平台的快速发展，短视频成为吸引用户注意力的有效方式。AI 技术的应用使得营销视频的生产更加高效、个性化，能够迅速适应市场变化和消费者偏好。AI 可以在视频制作的多个环节发挥作用。例如，在内容创意阶段，AI 能够分析大量的数据，识别出当前的流行趋势和用户兴趣，帮助创作者生成符合用户口味的视频内容。在视频制作阶段，AI 的自动剪辑、色彩调整和声音处理功能可以大幅提高制作效率，降低制作成本。AI 还可以在视频发布后进行效果分析，通过分析用户的观看数据，如观看时长、点赞、分享和评论等，AI 能够帮助营销人员评估视频的表现，优化未来的视频内容。这种基于数据的反馈循环能够持续提升视频内容的吸引力和效果。AI 技术在营销短视频制作中的应用，提升了制作效率和质量，通过数据分析和学习，使得视频内容更加贴近用户需求，提升了营销效果。

6.1.3 AI 视频具备长远发展潜力

未来，AI 在营销短视频领域的应用将进一步加速，带来前所未有的创新和变革。随着技术的深入发展，我们可以预见 AI 将更加精准地分析和理解个人用户数据，生成高度个性化的视频内容。这种个性化将突破传统的推荐系统，深入内容制作的每一个环节，如调整音乐、画面以适应不同用户群体的具体喜好。计算能力的提升将使 AI 能够在视频发布的实时流中进行编辑和优化，如在直播中根据观众反应实时调整内容。这种实时优化不仅提升了视频的互动性，也增强了观众的参与度和满意度。AI 技术的深度学习能力也将与人类创意更深度结合，借助 AI，分析大量的创意作品来提供新的视频创意，通过学习创造出全新的剧本和视觉效果。可以说，AI 在营销短视频领域的未来发展将是一场融合创意、个性化体验和高度互动的"革命"，它不仅将推动技术的边界，还将改变品牌与消费者之间的互动方式，为双方建立更紧密、更富有创造力的联系。

6.2 可灵大模型操作介绍

可灵（KLING）是由快手 AI 团队自主研发的一款先进的视频生成大模型，模型拥有高达 1080p 的生成视频分辨率，支持最长 2 分钟的视频生成，帧率达到 30fps，允许用户自定义视频的宽高比。从 2024 年 6 月 6 日，可灵大模型官网正式上线，让更多的用户有机会接触并测试这项技术。随后，可灵大模型推出图生视频功能，这一功能可以将静态图像根据文本内容转化为 5 秒长的视频。

6.2.1 登录

在浏览器搜索栏输入"可灵大模型"，找到相关链接，见图 6-1。

图 6-1 登录（1）

左键单击，进入可灵大模型的官网主页。可灵大模型主页登录界面见图 6-2 和图 6-3。

图 6-2 登录（2）

进入官网主页后，可以看到主页的右上角有"移动端体验"和"Web 端体验"两种选项，用户可根据自己的喜好或便捷程度选择不同的登录方式（因 Web 端操作更加便捷，制作起来更加"顺手"，同时是多数人的选择，在这里我们以"Web 端体验"为例进行讲解）。

图 6-3 登录（3）

点击"Web 端体验",页面跳转,进入可灵 AI 的内部页面,可灵大模型登录界面手机登录见图 6-4。

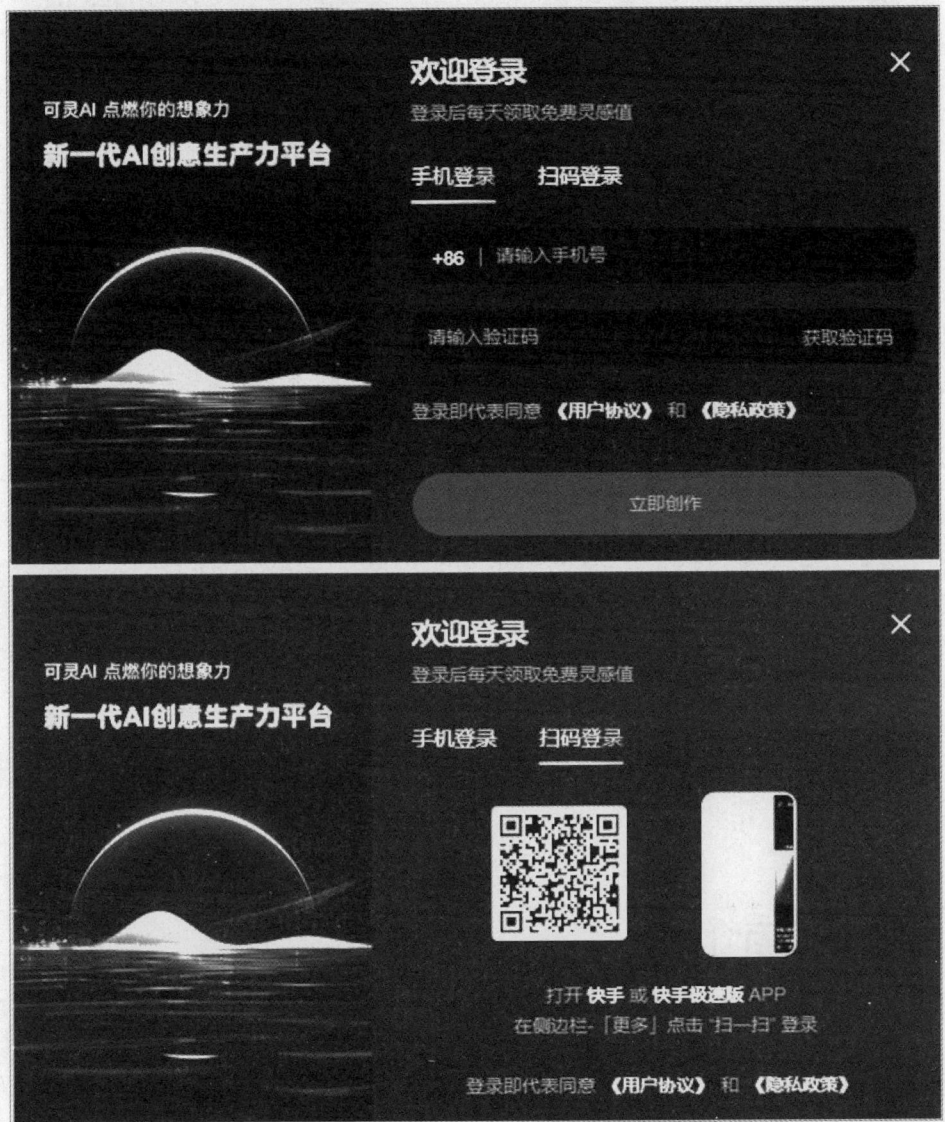

图 6-4 登录(4)

点击登录,可以选择手机登录或扫码登录的方式,用户可根据自己的喜好选择。

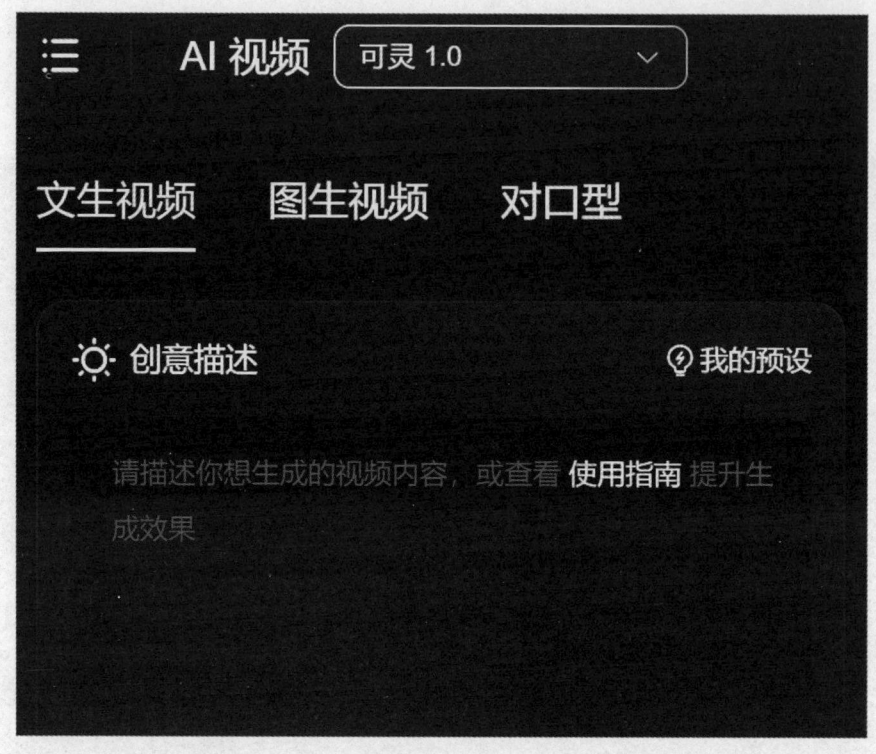

图 6-5 登录（5）

登录成功后，点击左侧选项栏的"AI 视频"选项，进入创作页面，见图 6-5。

6.2.2 页面介绍

在 AI 视频的主页面，最重要的作用和功能，就是进行文生视频和图生视频，即利用文字描述生成视频，以及利用文字描述和图片共同生成视频两种模式。

文生视频，使用者要在对话框中输入一段文字，可灵大模型根据文本表达生成视频，将文字转变为视频画面。现已支持"标准"与"高品质"两个生成模式，标准模式生成速度更快，高品质模式画面质量更佳；同时支持 16∶9、9∶16 与 1∶1 三种画幅比例。

6.2.2.1 文生视频

文生视频，重点在于提示词的应用。在文生视频页面，使用者可以调节的选项要素包括创意描述、参数设置、运镜控制等内容。创意描述对话框中要输入的就是丰富详细的提示词。参数设置主要调节的是创意想象力和创意相关性，生成模式，生成时长，视频比例，生成数量。运镜控制可以选择不同的运镜方式。另外，使用者可以在对话框中输入不希望呈现的内容，相当于逆向提示词的作用。

创意描述（提示词）

> "提示词 = 主体（主体描述）+ 运动 + 场景（场景描述）+（镜头语言 + 光影 + 氛围）括号里的内容可选填"

可灵大模型文生视频操作页面见图 6-6。

主体：视频中的主要表现对象，是画面主题的重要体现者。

场景描述：对主体所处环境的细节描述，可通过多个短句进行列举，但不宜过多。

光影：光影是赋予摄影作品灵魂的关键元素，光影的运用可以使照片更具深度，更具情感，我们可以通过光影创造出富有层次感和情感表达力的作品。如氛围光照、晨光、夕阳、光影、丁达尔效应等。

氛围：对预期视频画面的氛围描述。如热闹的场景、电影级调色、温馨美好等。

小技巧：尽量使用简单词语和句子结构，避免使用过于复杂的语言；画面内容尽可能简单，可以在 5s 到 10s 内完成；用"东方意境、中国、亚洲"等词语更容易生成中国风和中国人；当前视频大模型对数字还不敏感，数量很难保持一致；分屏场景，可以使用提示词如"4 个机位，春夏秋冬"。

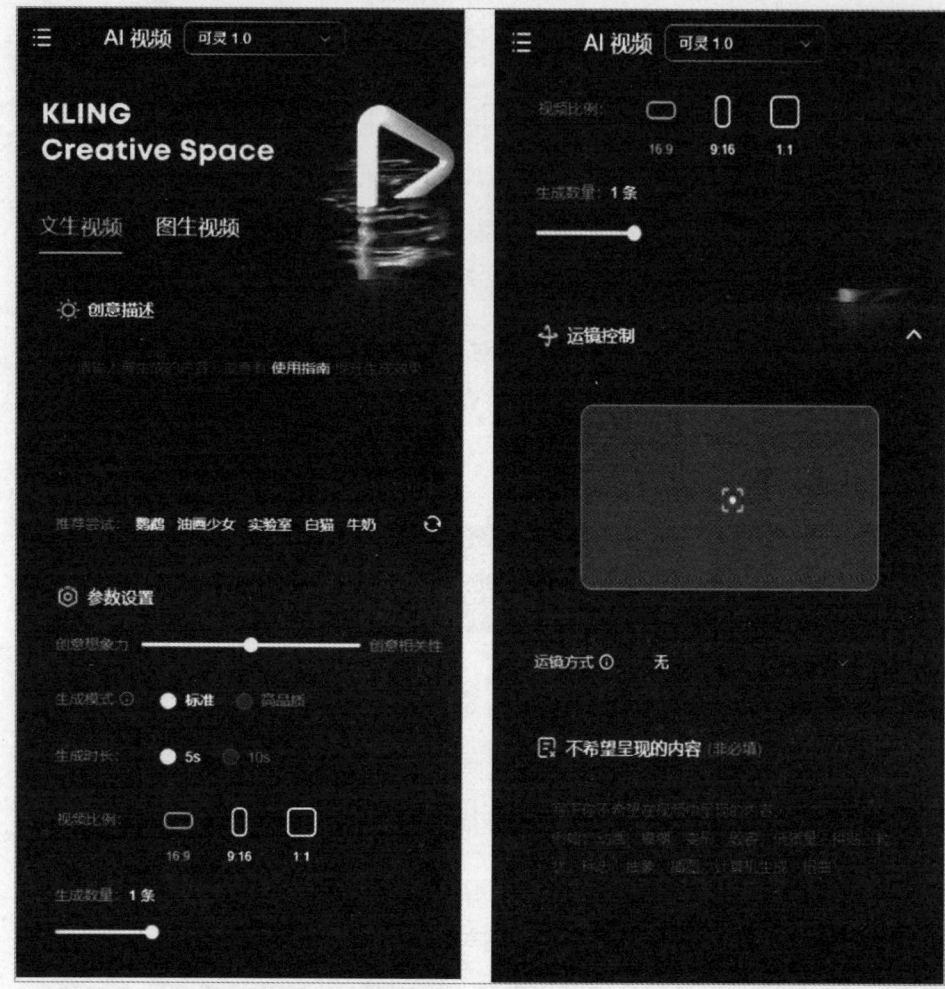

图 6-6 文生视频

参数设置：

参数设置栏，有创意想象力和创意相关性选项。

数轴倾向于创意想象力，生成的视频作品具有更多的随机性和自由度，可灵大模型将发挥自己的"想象力"，创造出更多可能性的作品。

数轴倾向于创意相关性，生成的视频作品比较稳定，会比较严格地遵循创意描述来创作，更贴近用户的限制词。

生成模式包括标准和高品质两种，标准模式生成速度更快，高品质模式画面质量更佳，用户可根据自己的时间自由选取。

生成时长有 5S 和 10S 两种。

视频比例包括 16∶9、9∶16、1∶1。

生成数量可选 1～4 条。

具体内容，见图 6-7。

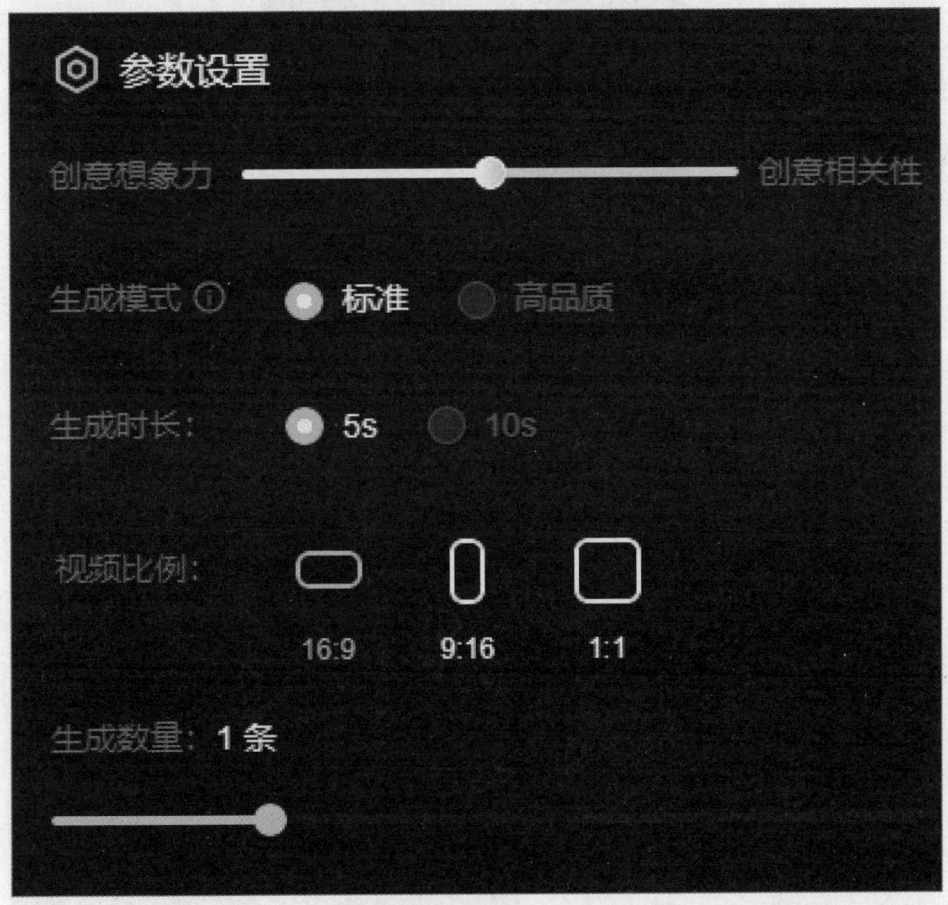

图 6-7 参数设置

可灵大模型 AI 视频可以自主调节运镜方式，包括水平运镜、垂直运镜等，见图 6-8。

图 6-8 运镜方式

其他：

除了以上涉及 AI 视频生成的主要内容和参数外，用户还可在"不希望呈现的内容"版块，输入不希望呈现的内容，该对话框为选填项，如果有特殊需求，可在此输入，见图 6-9。

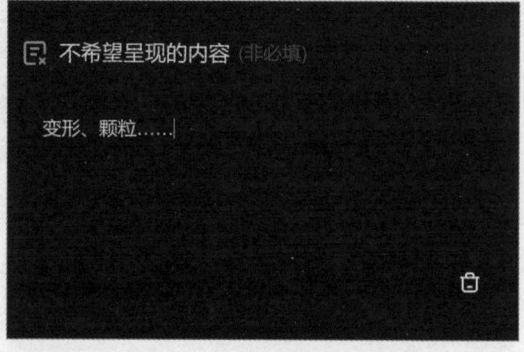

图 6-9 不希望呈现的内容

6.2.2.2 图生视频

图生视频,正在革新传统的视频制作流程。允许用户从单一的图片出发,通过简单的操作快速生成动态视频,这种技术降低了视频制作的技术门槛,极大地提高了内容创作的效率。

图生视频利用先进的 AI 算法,将静态图片转化为动态视频。用户只需要上传一张图片,AI 便能根据预设的动态模板或用户的具体指令,生成富有动感的视频。

图生视频最大的特点是其高度的可控性。创作者可以精确控制视频中的动态效果,如人物的动作、场景的变化等,这一点在传统视频制作中往往需要复杂的后期处理。图生视频大幅节省了视频制作的时间和资源,使创作者可以更加专注于创意和内容的开发,而不是技术细节。

图生视频通过简单的操作,可以探索各种视觉和动态效果的组合,这种技术特别适合实现一些传统视频技术难以达到的创意想法,例如,将历史照片转化为动态视频,赋予静态的记忆新的生命力和情感深度。

图生视频支持标准与高品质两种生成模式,同时提供 16∶9、9∶16 与 1∶1 三种画幅比例的选择,满足不同平台和设备的展示需求。这种灵活性确保了视频内容能够在各种媒介上得到最佳的展示效果,无论是手机屏幕还是电视广告。

图生视频提示词公式:

> "提示词 = 主体 + 运动,背景 + 运动……"

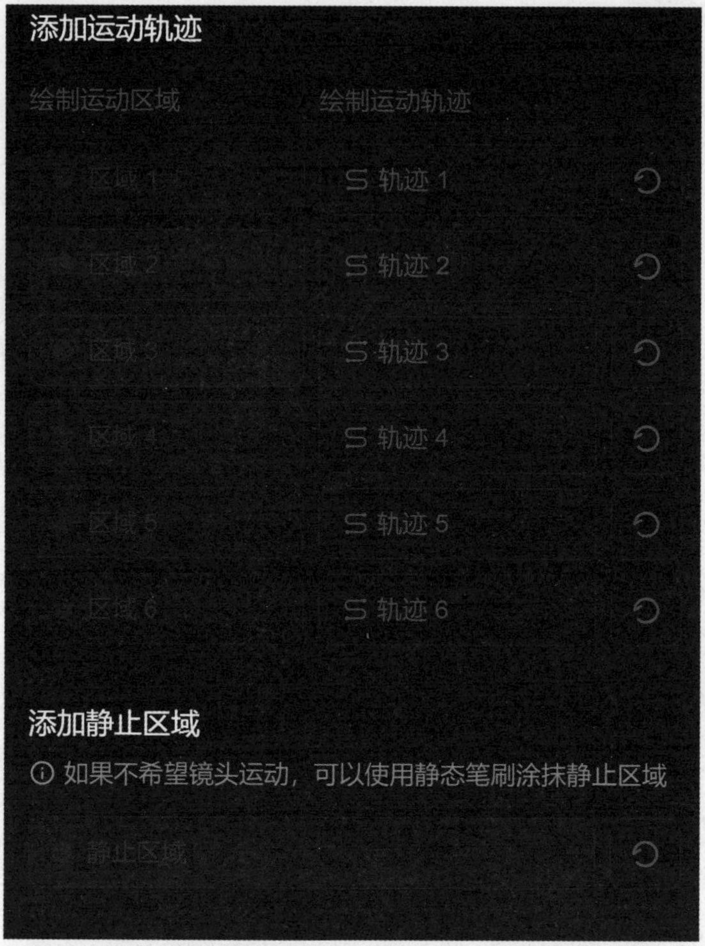

图 6-10 运动笔刷

运动笔刷是图生视频技术中的一个创新功能，通过运动笔刷，创作者可以精确地指定视频中某个主体或区域的运动轨迹，创造出更为丰富和动态的视觉效果，见图 6-10。

通过"自动选区"功能，系统可以帮助用户快速识别并选中图片中的关键主体；或者用户可以使用"涂抹"工具自行选择希望动态化的特定区域。在选定的主体或区域上，用户可以自由添加想要的运动轨迹。这一步骤关键在于用户能够通过直观的界面操作，精确控制运动的方向、速度和形态。为了使运动效果更符合预期，用户还可以输入运动提示词，如"跳跃""旋转"等，进一步细化运动的特性。完成以上设置后，用户点击生成，系统将根据提供的参数和轨迹信息，自动渲染出包含指定运动的图生视频。

小技巧：尽量使用简单词语和句子结构，避免使用过于复杂的语言；运动符合物理规律，尽量用图片中可能发生的运动描述；描述与图片相差较大，可能会引起镜头切换；现阶段较难生成复杂的物理运动，比如球类的弹跳、高空抛物等。

6.2.3 视频制作步骤

6.2.3.1 文生视频步骤

▶ 步骤 01

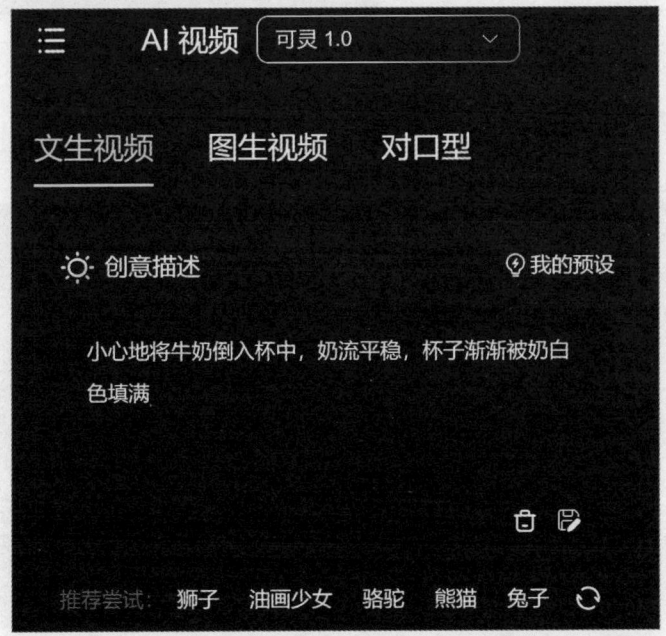

图 6-11 步骤 01

见图6-11,在创意描述对话框中输入提示词,包括想要生成的视频内容、拍摄手法、视频风格等,奠定视频的主题内容和主要基调。输入的内容要尽量详实,主体、动作都要填写清楚,以利于可灵大模型充分"理解"用户的需求。尝试输入"小心地将牛奶倒入杯中,奶流平稳,杯子渐渐被奶白色填满。"

▶ **步骤02**

见图6-12,调整参数设置,生成模式为标准,生成时长为5S,视频比例为1∶1,生成数量为1条。

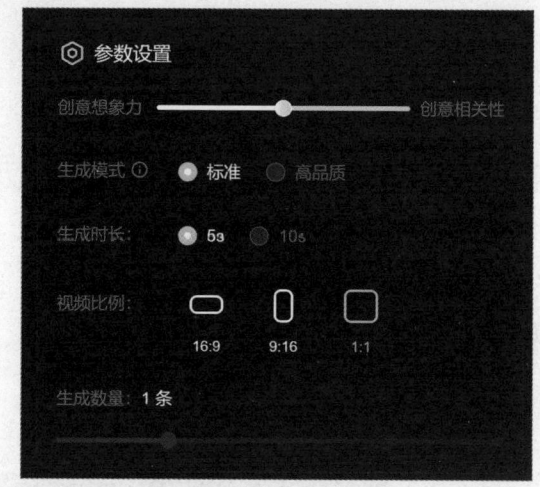

图6-12 步骤02

▶ **步骤03**

见图6-13,调节运镜控制,运镜方式选择水平运镜,角度选择"0",然后点击生成作品。

图6-13 步骤03

图 6-14 等候生成结果　　　　　　图 6-15 生成结果

完成参数调整后，点击生成，开始等候生成结果，并审视结果。见图 6-14 和图 6-15。

6.2.3.2 图生视频

▶ 步骤 01

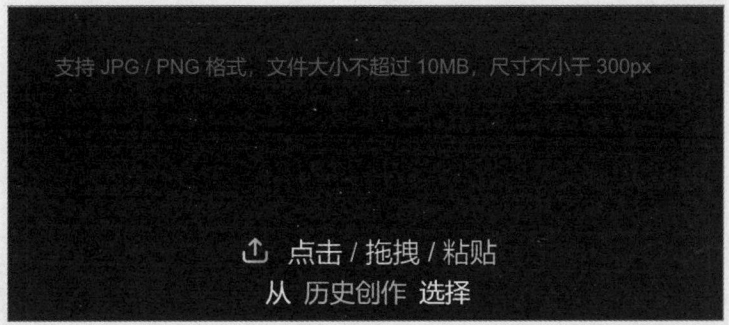

图 6-16 步骤 01（1）

见图 6-16，图生视频的第一步是上传图片，并在创意描述中输入提示词，丰富生成内容。上传方式包括点击、拖拽、粘贴，从历史创作中选取等，用户可选择自己最顺手的方式。

见图6-17，上传一张风景照，在创意描述处输入"水流湍急，太阳升起，群鸟飞翔，场面非常壮观"。

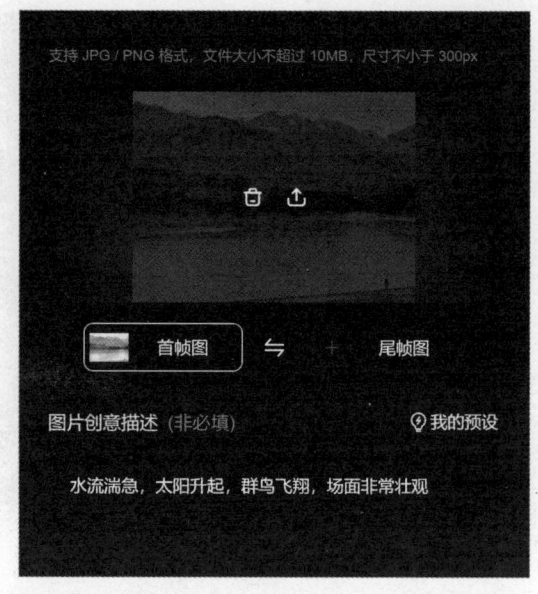

图6-17 步骤01（2）

▶ 步骤02

图6-18 步骤02

见图 6-18，绘制运动笔刷。

▶ **步骤 03**

图 6-19 步骤 03

见图 6-19，调节参数设置，点击生成视频，生成过程及结果见图 6-20 和图 6-21。

图 6-20 等候生成结果

图 6-21 生成结果

6.3 可灵文生视频

6.3.1 游戏营销视频

游戏营销视频的特点：冒险类网络游戏营销视频，凸显游戏的神秘感，具有一定的吸引力，让潜在游戏玩家瞬间产生想要尝试该游戏的冲动。

见图 6-22，创意描述：场景以黑猫在古老的建筑中穿行的中景镜头开始。2 秒钟后，镜头迅速拉远，建筑变成巨大魔法阵，黑猫位于魔法阵的中心，周围的书页飘动着，闪烁着蓝色的绿色光芒。动画画面。

生成模式：标准。

生成时长：5s。

视频比例：16∶9。

生成数量：1 条。

生成的游戏营销视频见图 6-23。

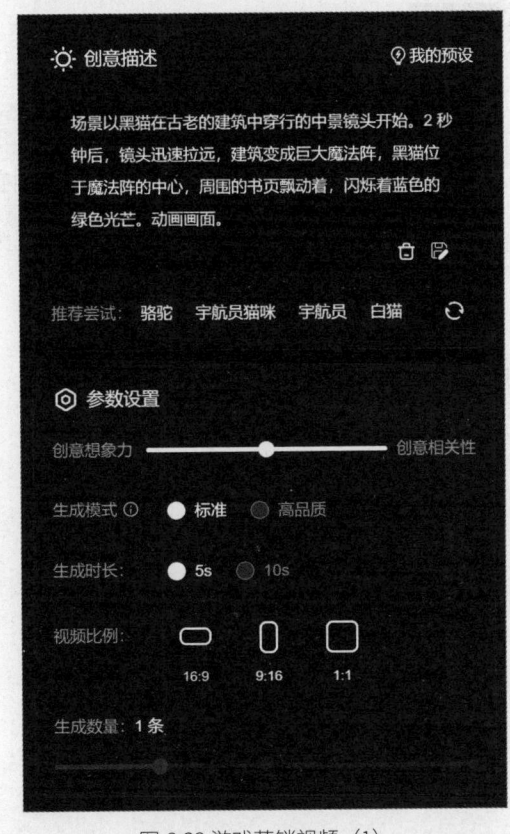

图 6-22 游戏营销视频（1）

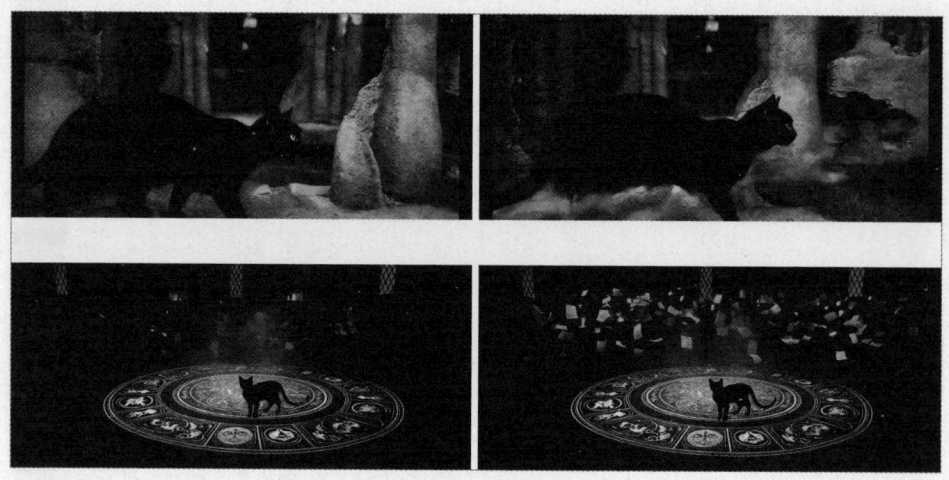

图 6-23 游戏营销视频（2）

6.3.2 旅游营销视频

旅游营销视频的特点：旅游营销视频要具有一定的感染力，视频内容除了要精美，还要具有一定的氛围感，当人们看到这样的视频之后，才能够对这样的地方心驰神往。因此，制作旅游营销视频在创意描述时，要注重营造视频的氛围感。

见图 6-24，创意描述：镜头缓缓推进，从浩瀚星空中拉近，广袤的草原映入眼帘，晨雾缭绕，山川隐约。

生成模式：标准。

生成时长：5s。

视频比例：16∶9。

生成数量：1 条。

生成的旅游营销视频见图 6-25。

图 6-24 旅游营销视频（1）

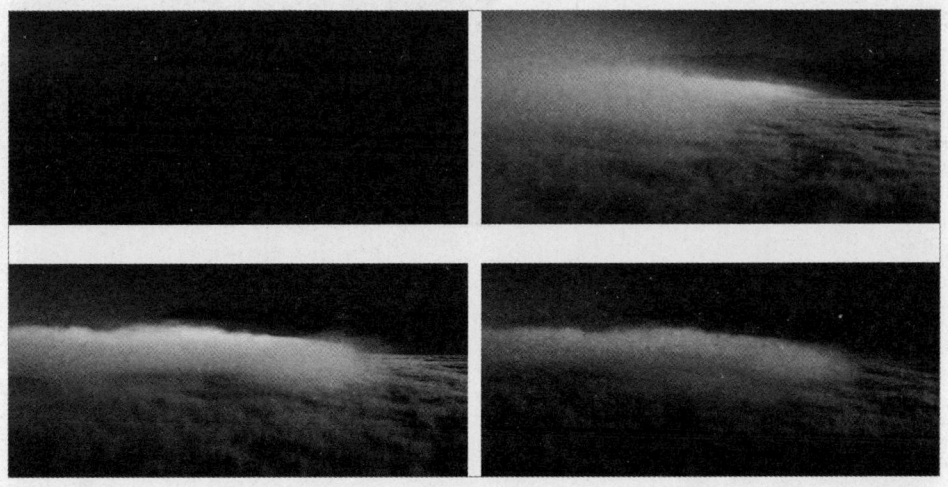

图 6-25 旅游营销视频（2）

6.3.3 服装营销视频

服装营销视频的特点：视频画面应干净清晰，避免抖动、噪点。模特通过穿搭、面料展示商品的美感卖点，尽量做到多角度的拍摄，让观众能直观地看出服装效果。

见图 6-26，创意描述：模特轻盈地转身，身穿一件飘逸的雪纺连衣裙，轻柔质地在微风中摆动，展现出裙子的柔软灵动。背景是户外花园，阳光透过树叶洒在地面，周围点缀着绽放的鲜花。使用跟随镜头，从裙摆的细节开始慢慢上升，展现整件服装的流畅线条。

生成模式：标准。

生成时长：5s。

视频比例：16∶9。

生成数量：1 条。

生成的服装营销视频见图 6-27。

图 6-26 服装营销视频（1）

图 6-27 服装营销视频（2）

6.3.4 香水营销视频

香水营销视频的特点：凸显出高雅奢华的氛围，习惯使用香水的女士往往对于生活品质有比较高的要求，希望通过这类商品体现出自己的独特品位。因此营销视频要聚焦这一方面。

见图6-28，创意描述：在豪华的室内环境，女士正在使用香水。视频开始时，镜头聚焦在女士身上，随后镜头拉远，显示出该女士正站在镜子前，轻轻地将香水喷洒在自己的手腕和颈部。她的动作优雅自信，背景营造出一种浪漫奢华的氛围。

生成模式：标准。

生成时长：5s。

视频比例：16∶9。

生成数量：1条。

生成的香水营销视频见图6-29。

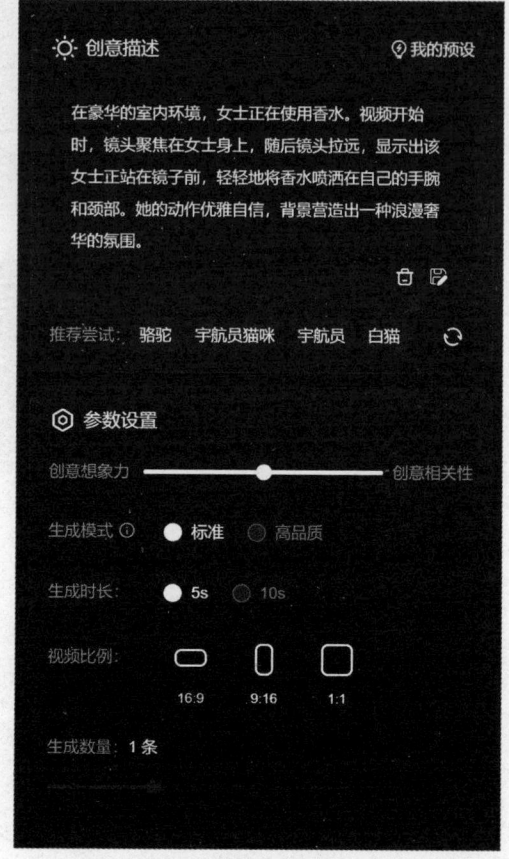

图6-28 香水营销视频（1）

图6-29 香水营销视频（2）

6.4 可灵图生视频

6.4.1 露营桌椅营销视频

近年来，露营作为一种户外休闲活动，因其能够提供与自然亲密接触的机会而受到越来越多人的喜爱。露营使人们有机会离开城市的喧嚣，到自然中去呼吸新鲜空气，享受平静与美丽的自然风光。在高压的工作和生活环境中，露营提供了一种独特的减压方式。通过在户外进行活动，如徒步、野餐、观星等，人们可以暂时忘却日常生活的压力，享受宁静的时光。

随着露营文化的流行，市场上也出现了各种露营相关的产品和服务，如高品质的露营装备、定制化的露营旅行团等，这些都进一步推动了露营活动的普及和发展。

露营桌椅营销视频，专门为推广露营用桌椅而设计，通常包含以下几个关键元素。在设计露营桌椅营销视频时，要详细展示露营桌椅的特点，如材质、耐用性、易携带性、快速展开和收纳系统等。通过清晰的画面和演示，让消费者一目了然地看到产品的独特之处和实用性。可尝试通过真实的露营场景模拟，展示桌椅在不同环境下的使用效果，如在海边、山林、草地等自然环境中的应用。

利用可灵图生视频功能，可制定具有一定宣传作用，且具有艺术美感的营销视频。

▶ 步骤 01

利用可灵大模型的 AI 作图功能,生成一张露营桌椅产品相关的图片,以此作为图生视频的源文件。

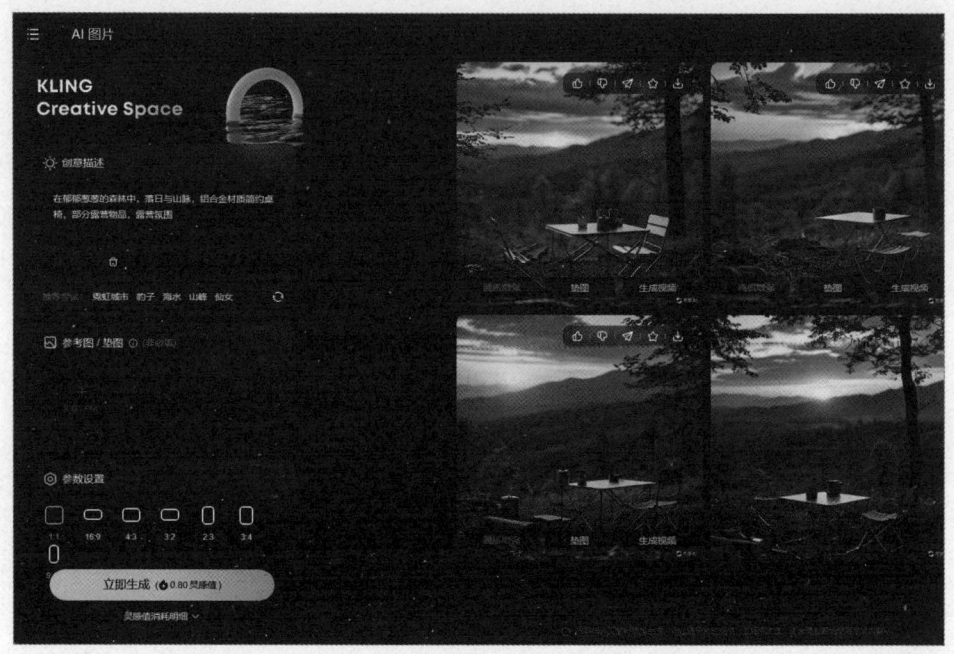

图 6-30 露营桌椅（1）

见图 6-30,创意描述:在郁郁葱葱的森林中,落日与山脉,铝合金材质简约桌椅,部分露营物品,露营氛围。

见图 6-31,可灵大模型按照创意描述创作出包含指定内容的四张图片,具有露营氛围感,可作为图生视频的源素材。

图 6-31 露营桌椅（2）

▶ 步骤 02

从可灵大模型生成的四张图片中，选取最为满意的一张作为图生视频的源素材，见图 6-32。

6-32 露营桌椅（3）

将光标移至想要选择的图片，图片上会出现许多选项，点击右下角的生成视频选项，画面便会跳转至图生视频的操作界面，见图 6-33。

图 6-33 露营桌椅（4）

▶ 步骤 03

根据图生视频的源素材，撰写图生视频的图片创意描述。用户可根据自己的理解创造描述，也可以从 AI 软件中获取思路和灵感。

创意描述：日落时刻，露营桌椅静置于葱郁山林间，夕阳西下，映衬着连绵起伏、被夕阳余晖染成迷人色彩的山脉。四周环绕着繁茂的绿色植被，前景点缀着植物与泥土，两人走到桌椅旁，沉浸美景，沏茶倒水，品饮茶香，享受着大自然的宁静与美好，见图 6-34。

图 6-34 露营桌椅（5）

6.4.2 文创杯具营销视频

近年文创产品大火,许多博物馆都相继推出以馆内藏品为原型而创造的优秀文创产品。在众多的文创产品中,文创杯具是一个非常"出圈儿"的类型。

在创作文创杯具相关的营销视频时,需要注意以下几个关键点,以确保视频能够有效地传达产品价值,吸引目标消费者,并促进销售。例如,突出文创特色,围绕文创杯具的独特卖点展开,强调其文化元素、设计理念及艺术价值。明确目标消费者的喜好、需求及购买习惯,确保视频内容与受众兴趣相契合。又如,讲述文化故事,结合文创杯具的设计灵感来源,讲述相关的文化背景、历史故事或设计理念,提升产品的文化内涵。运用创意手法(如动画、特效等)展现文创杯具的独特魅力,吸引消费者的注意力。

▶ 步骤 01

利用可灵大模型的 AI 作图功能,生成一张文创杯具产品相关的图片,以此作为图生视频的源文件。

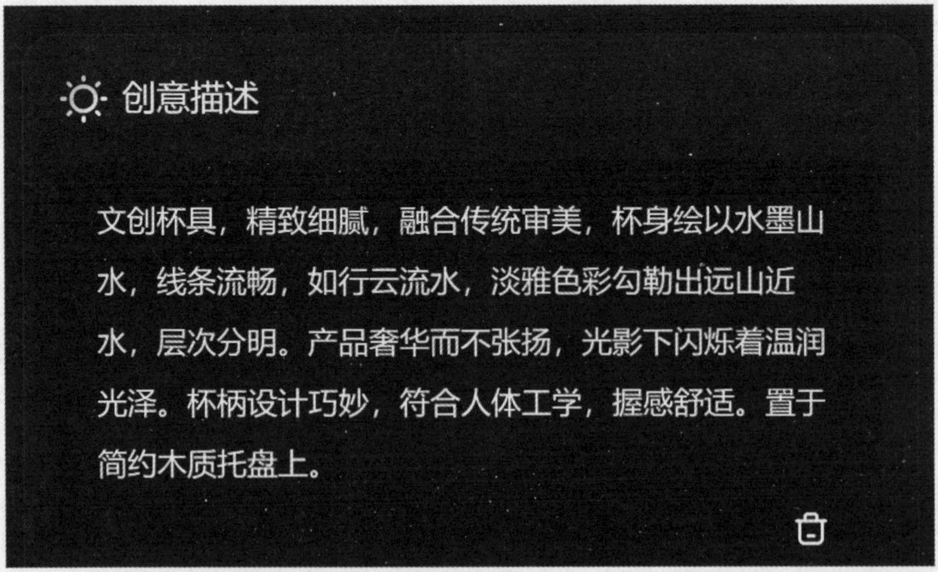

☼ 创意描述

文创杯具,精致细腻,融合传统审美,杯身绘以水墨山水,线条流畅,如行云流水,淡雅色彩勾勒出远山近水,层次分明。产品奢华而不张扬,光影下闪烁着温润光泽。杯柄设计巧妙,符合人体工学,握感舒适。置于简约木质托盘上。

图 6-35 文创杯具(1)

见图 6-35，创意描述：文创杯具，精致细腻，融合传统审美，杯身绘以水墨山水，线条流畅，如行云流水，淡雅色彩勾勒出远山近水，层次分明。产品奢华而不张扬，光影下闪烁着温润光泽。杯柄设计巧妙，符合人体工学，握感舒适。置于简约木质托盘上。

图 6-36 文创杯具（2）

见图 6-36，可灵大模型按照创意描述创作出包含指定内容的四张图片，具有深厚的文化底蕴和唯美的艺术氛围，可作为图生视频的源素材。

▶ 步骤 02

从可灵大模型生成的四张图片中,选取最为满意的一张作为图生视频的源素材,见图 6-37。

图 6-37 文创杯具(3)

将光标移至想要选择的图片,图片上会出现许多选项,点击右下角的生成视频选项,画面便会跳转至图生视频的操作界面,见图 6-38。

图 6-38 文创杯具(4)

▶ **步骤 03**

根据图生视频的源素材，撰写图生视频的图片创意描述。用户可根据自己的理解创造描述，也可以从 AI 软件中获取思路和灵感。

见图 6-39，创意描述：视频展示极具艺术气息的场景，焦点是文创茶杯，表面细腻地描绘着一幅山水画。杯子稳稳地置于一个质感十足的木质托盘上，与之形成和谐的搭配。背景是略显模糊的室内环境，隐约可见竖条纹的装饰元素，增添了几分雅致。一位身着素雅长裙的女士正在仔细欣赏该茶杯，镜头徐徐拉近，氛围尽显雅致与高雅。

图 6-39 文创杯具（5）

6.4.3 汽车营销视频

汽车营销视频，要把重点放在汽车产品上，整个视频一般会把聚焦在正在行驶的汽车上，展现出汽车的质感。

▶ **步骤 01**

利用可灵大模型的 AI 作图功能，生成一张汽车相关的图片，以此作为图生视频的源文件。

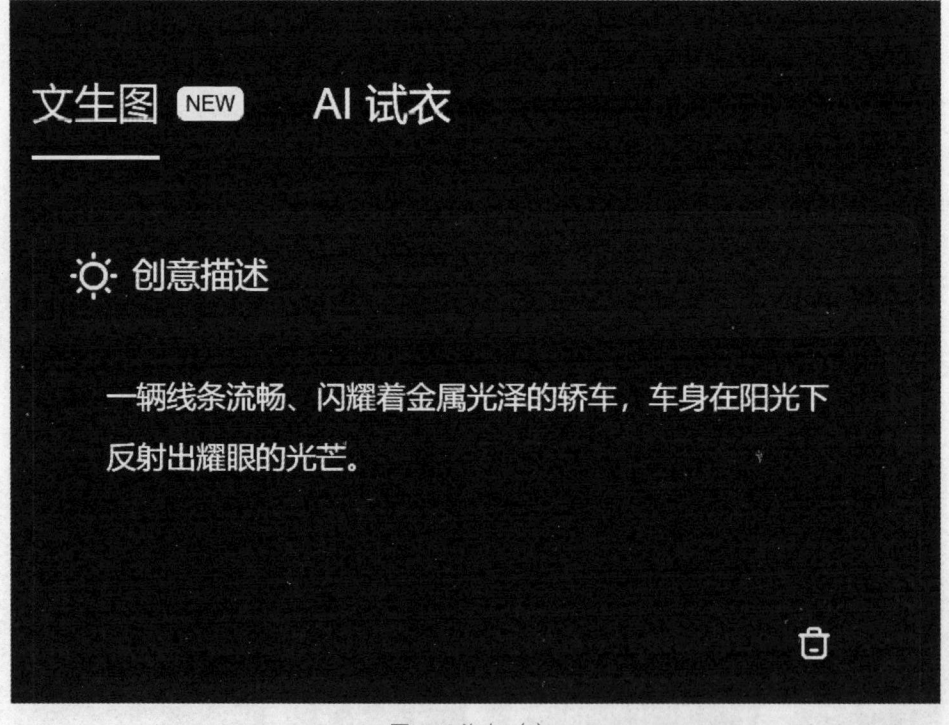

图 6-40 汽车（1）

见图 6-40，创意描述：一辆线条流畅、闪耀着金属光泽的轿车，车身在阳光下反射出耀眼的光芒。

图 6-41 汽车（2）

可灵大模型汽车营销视频作品截图见图 6-41。

▶ 步骤 02

从可灵大模型生成的四张图片中，选取最为满意的一张作为图生视频的源素材，见图 6-42。

图 6-42 汽车（3）

将光标移至想要选择的图片，图片上会出现许多选项，点击右下角的生成视频选项，画面便会跳转至图生视频的操作界面，见图 6-43。

图 6-43 汽车（4）

▶ 步骤03

根据图生视频的源素材，撰写图生视频的图片创意描述。用户可根据自己的理解创造描述，也可以从 AI 软件中获取思路和灵感。

创意描述：视频中的汽车像是一件移动的艺术品，在蜿蜒的山路上疾驰而过，车身在阳光下反射出耀眼的光芒。镜头切换至内饰，精致的皮质座椅、高科技的仪表盘以及宽敞舒适的乘坐空间，彰显出车辆的奢华科技感。沿途风光如画卷般展开，从郁郁葱葱的森林到繁华都市的摩天大楼，让人感受到驾驶的乐趣，视频以慢动作捕捉车轮溅起的水花和风吹过车身的细腻质感，见图 6-44。

图 6-44 汽车（5）

店招，也就是店铺招牌，是品牌展示的重要窗口。利用 AI 软件，营销从业者能快速制作店招，帮助自己吸引招徕潜在顾客。

手把手教你用 AI：
店招制作技巧

第 7 章

7.1 店招设计

7.1.1 店招

店招,也就是店铺招牌,是品牌展示的重要窗口,是一家门店所能够带给消费者的第一印象,可以说绝大多数人在了解一个店铺时,都是通过店招实现的。有趣而吸睛的店招对于形成店铺的品牌效应非常重要,其商业效应无可替代。想要提升营销效果,打造好的店招是十分必要的。

合适的店招,能够让消费者在看到店铺的瞬间就有舒服的感觉,并且能够快速了解店铺的信息,比如主销产品、产品调性、店铺的设计语言等,从而更容易产生购买意愿。

实体店铺需要店招,硕大吸睛的招牌能够快速展现店铺的产品,并通过图片带给人们直观的视觉体验,招徕顾客。同样,网店也需要店招。试想,当我们浏览网页的时候,是不是更容易被美观大方的店招所吸引?是不是更容易点进这样的店铺呢?这就说明网店店招也是同样重要。

店招由商品图片、宣传语等内容组成,是图文结合的形式,如果是单纯的文字,则缺乏吸引力,没有办法给潜在消费者带来视觉冲击,不能让消费者直接记住店铺。如果是单纯的图片,则没办法体现店铺的名称,展现店铺的特点,所以图文结合才是最接近完美的形式。

那么,怎么设计并制作好的店招,怎么把店铺的特点彰显出来,成为店主最需要考虑的首要问题。

7.1.2 店招的设计要求

店招有既定的设计要求,在满足这些要求的前提下,设计出的店招才能起到合适的作用。

7.1.2.1 设计新颖

店招作为商家的门面标识,是潜在顾客与商家接触的视觉媒介。在竞争激烈的商业环境中,一个设计新颖的店招能够显著提升商家的视觉吸引力,增强顾客的记忆度,在众多竞争者中脱颖而出。设计新颖的店招不仅是艺术表达的一种形式,更是商家策略和品牌价值观的体现。

在现代商业实践中,店招的设计已经从单一的功能转变为综合体现商家品牌形象和市场定位的重要组成部分。一个成功的店招设计能够传达出店铺的核心理念和业务范畴,同时激起顾客的兴趣,引导他们步入店内。因此,追求设计的新颖性不仅是为了视觉的独特,更是为了在消费者心中建立一个明确且独特的品牌形象。

通过运用现代设计元素,如独特的色彩搭配、创意字体、动态灯光或数字化展示,店招可以变得生动而引人注目。随着技术的发展,数字化元素已经成为店招设计中不可或缺的一部分。使用 LED 屏幕或投影技术,店招可以展示动态内容,如品牌故事、促销信息或互动游戏,增强了店招的吸引力,也提高了顾客的参与度和体验感。

7.1.2.2 符合实际

在设计店招时,要确保它符合商店的实际需要和品牌形象。店招不仅是商店的面孔,还是品牌传播的重要工具,能够影响顾客的第一印象并吸引他们进入店内。

比如,店招设计应当反映出店铺的主营业务和特色,如果是一家以出售复古风格服饰为主的店铺,店招可以设计成复古风格的字体和颜色,可能还会添加一些复古元素如老式缝纫机图案,以此来强化店铺的主题和特色。一家快餐店的店招可能会选择更加鲜艳和引人注意的色彩,以及直观表达速度和便捷的设计元素。

7.1.2.3 素材精美

店招设计的素材影响到店铺的整体外观美感,直接作用于品牌形象的建立,以及消费者的感知。高端的材料能给予消费者高质感的视觉体验,提升品牌的吸引力。使用优质材料如精制金属、高级木材、高密度泡沫板、精细的玻璃或现代复合材料等,可以增强店招的耐久性和实用性,通过这些材料本身的质感和色泽来传递一种品质感。例如,精制金属可以呈现出现代和技术感,而高级木材则能够传递温暖和自然的氛围,每种材料都能够在不同的消费者心中唤起特定的情感和联想。材料的选择也应考虑到环境的因素。例如,在海边或湿润环境中使用的店招材料需要具有防腐蚀的特性,而在阳光直射的地区,材料则应具有抗紫外线的能力。这保证了店招的长期使用性,减少了维护成本。在视觉效果方面,精美的材料可以更好地与店铺的设计主题和色彩搭配相协调,创造出独特的视觉标识。例如,光滑的金属面板与玻璃的透明质感可以创造出现代感,温暖的木材色泽和质感则可以营造出亲和力强的环境。

7.2 AI 店招制作指南

利用 AI 软件设计店招是一项比较复杂的工作,除了要熟练运用 AI 软件之外,还要尝试 AI 软件和设计软件的结合,这样才能设计出令人过目不忘的优质店招。

7.2.1 烘焙糕点店 AI 店招制作

▶ 步骤 01

打开文心一言,利用 AI 激发创意灵感,通过对话询问,获知烘焙糕点店店招文案的注意事项和要点,为店招设计提供思路。

问:

我准备设计一款烘焙糕点店的店招,请帮我提供一些撰写店招文案的思路和灵感。

答:

设计烘焙糕点店的店招文案时,关键在于吸引顾客注意,传达出店铺的特色、氛围和承诺。以下是一些撰写店招文案的思路和灵感,希望能激发你的创意:

(1)突出店铺特色

主打产品:明确店铺的主打产品,如"手工法式甜品""现烤面包""创意蛋糕"等,并在文案中突出。

独特卖点：强调店铺的独特卖点，如"无添加健康烘焙""每日新鲜出炉""纯手工制作"等，让顾客记住你的店铺。

（2）营造温馨氛围

情感共鸣：使用温暖、亲切的词汇，如"家的味道""甜蜜的回忆""幸福的味道"，激发顾客的情感共鸣。

场景描绘：描绘一个美好的场景，如"与亲友共享美好时光""午后的小憩"，让顾客联想到在店铺中的愉快体验。

（3）使用吸引人的口号

简洁有力：口号要简洁明了，易于记忆，如"甜蜜每一刻""烘焙幸福的味道"。

创意独特：尝试一些创意的口号，如"用爱烘焙，用心传递""每一口都是艺术"，让店铺在众多竞争者中脱颖而出。

（4）强调品质与服务

品质承诺：强调店铺对品质的承诺，如"选用优质原料，匠心制作"。

服务体验：提及店铺提供的优质服务，如"温馨的环境，贴心的服务"。

（5）结合店铺故事

创始人故事：如果店铺有创始人或团队的故事，可以简短提及，增加店铺的个性和深度。

发展历程：简述店铺的发展历程，如"从一个小摊到如今的烘焙天堂"。

（6）使用吸引眼球的词汇

视觉词汇：使用能够激发视觉想象的词汇，如"金黄""酥脆""柔软"。

感官词汇：使用能够激发味觉、嗅觉等感官的词汇，如"香气四溢""甜蜜丝滑"。

（7）结合社交媒体

互动邀请：在文案中加入互动元素，如"扫描二维码关注我们，了解更多美味故事"。

特别优惠：提及店铺在社交媒体上的特别优惠或活动，鼓励顾客参与。
示例文案
"【甜蜜小筑】——每一口都是家的味道，用爱烘焙，用心传递。"
"【幸福烘焙屋】——每日新鲜出炉，无添加健康烘焙，与您共享美好时光。"
"【创艺烘焙】——创意蛋糕，匠心制作，每一口都是艺术，每一刻都是甜蜜。"
结合以上思路，你可以根据你的烘焙糕点店的特色、氛围和目标顾客群体，撰写出既吸引人又具有个性的店招文案。

▶ 步骤 02

结合步骤 01 中文心一言提供的设计思路，从中摘取实用性的内容，结合这些内容，请文心一言撰写合适的店招文案。

问：

结合以下内容"突出店铺特色、营造温馨氛围、使用吸引人的口号……"，帮我撰写烘焙糕点店的店招文案。

答：

烘焙糕点店店招文案【可可烘焙坊】
主打产品：纯手工创意糕点，每日新鲜出炉
独特卖点：无添加，健康烘焙，每一口都是自然的馈赠
温馨氛围：家的味道，在这里，每一刻都是幸福的回忆
美好场景：与亲朋好友共享，让爱与甜蜜在味蕾间流转
创意口号：用爱烘焙，让每一块糕点都充满故事
品质承诺：精选全球优质原料，匠心制作，只为那份纯粹的口感
服务体验：温馨的环境，贴心的服务，让每一次光临都成为享受
店铺故事：从一个烘焙梦想开始，到如今成为您心中的甜蜜港湾
视觉盛宴：金黄酥脆的面包，柔软细腻的蛋糕，每一款都让人垂涎欲滴
感官享受：香气四溢的烘焙香，甜蜜丝滑的口感，唤醒您的每一个感官

> 社交媒体：扫描二维码，加入我们的甜蜜社区，解锁更多美味故事与特别优惠
>
> 【可可烘焙坊】——每一口都是爱的传递，每一刻都是幸福的烘焙时光。在这里，我们用最真诚的心，为您烘焙每一份甜蜜与温馨。期待您的光临，共同开启一场美妙的烘焙之旅！

问：

> 请把上文的内容"糅合"生成一段店招文案，字数100。

答：

> 【可可烘焙坊】——纯手工创意糕点，无添加健康烘焙，每日新鲜出炉。金黄酥脆，甜蜜丝滑，家的味道，与您共享幸福时光。扫描二维码，解锁更多美味故事。期待您的光临，一起品味爱的传递！

▶ **步骤03**

利用文心一言，辅助用户生成店招的AI图片提示词，见图7-1。

问：

> 帮我生成烘焙糕点店的店招图片的AI提示词，字数50以内。

答：

> 烘焙糕点店店招AI提示词（50字内）：温馨复古风，店名醒目，糕点诱人，色彩温暖，布局简洁，光影柔和，细节精致。

文字作画

万相1.0 通用 >

使用指南

温馨复古风,店名醒目,糕点诱人,色彩温暖,布局简洁,光影柔和,细节精致。

图 7-1 店招图片提示词

利用文心一言生成的 AI 店招图片提示词,前往通义千问,生成 AI 店招图片,见图 7-2。

图 7-2 店招图片

从店招图片中选择自己最中意的一款,点击下载保存,选取左上角的店招图片,进行接下来的操作。

▶ **步骤 04**

将选择好的店招图片保存好之后,利用后期处理工具,将已经生成的店招文案和店招图片进行合并,比较常用的图像处理软件有 Adobe Photoshop、剪映、Visio 等,当然,以 WPS 也可以实现,此处以 WPS 为例,比较符合多数用户的使用倾向,而且 WPS 的操作难度相对较低。

图 7-3 插入店招图片

点击插入—图片—本地图片,找到预先下载保存的店招图片,点击确定,见图 7-3。

图 7-4 店招图文

将店招图片和店招文案组合起来,选择合适的艺术字和组合方式,形成店招图文的最终版,见图 7-4。

7.2.2 珠宝店 AI 店招制作

▶ 步骤 01

打开文心一言，和 AI 进行对话，向其询问珠宝店店招文案的注意事项和要点，为店招设计提供思路。

问：

我准备设计一款珠宝店的店招，请告诉我，珠宝店店招文案的内容，要注意什么？

答：

设计珠宝店的店招时，文案内容不仅要吸引顾客的注意力，还要能够传达出品牌的价值、特色以及高端、优雅的氛围。以下是一些关键要素和注意事项，可以帮助你构思出既吸引人又符合珠宝店形象的店招文案：

品牌名称与 Logo：

确保品牌名称清晰易读，字体选择应体现奢华感，避免过于花哨或难以辨认。Logo 设计需简洁而富有辨识度，能够迅速传达品牌形象。

核心价值或口号：

简短有力的口号或标语，如"璀璨之选，尊贵传承""珍爱时刻，以珠宝铭记"等，能够概括店铺的定位和服务理念。

强调品质、服务或独特卖点，如"匠心独运，每一颗宝石都有故事"。

特色或主打产品提示：

如果店铺有特定的珠宝类型或风格（如钻石、翡翠、定制珠宝等），可以在店招中微妙地体现出来，如"高端钻石定制，尊享唯一"。

避免过于冗长，一两句话足以吸引目标顾客群体的注意。

联系方式或地址：

如果空间允许，可以简洁地标注店铺地址、电话号码或二维码，便于顾客快速获取位置信息或联系店铺。

视觉元素与色彩搭配：

色彩选择上，金色、银色、深蓝或宝石红等高贵色调更能体现珠宝的奢华感。

图片或图案应与文案内容相辅相成，如使用精美的珠宝图片作为背景，但不宜过于繁复，以免分散注意力。

文化或情感共鸣：

尝试融入一些文化元素或情感共鸣点，如"爱的见证，世代相传"，这有助于建立品牌与顾客之间的情感连接。

合规性与可读性：

确保所有信息准确无误，遵守当地广告法规。

在不同光照条件下测试店招的可读性，确保从远处也能清晰辨认。

创新与差异化：

尝试在文案中融入创意元素，使你的店招在众多竞争者中脱颖而出。

可以考虑使用动态LED屏幕或智能互动技术，提升现代感和科技感。

综上所述，设计珠宝店店招时，应注重文案的精炼性、视觉的吸引力以及品牌信息的有效传达，同时保持与品牌形象和目标市场的一致性。

▶ **步骤02**

结合步骤01中，文心一言所提供的内容，让文心一言帮忙撰写珠宝店店招文案。

接步骤01

 问：

结合上述珠宝店店招文案的注意事项，请帮我撰写珠宝店店招文案。

 答：

设计珠宝店的店招时，文案内容不仅要吸引顾客的注意力，还要能够传达出【璀璨阁】

★高端珠宝定制，尊享唯一★
【品牌Logo】（此处为假设的图形Logo，实际使用时请替换为具体设计）
每一颗宝石，都是时光的礼赞
定制专属，铭记珍爱时刻

【璀璨阁】，一个专注于高端珠宝定制的品牌，我们相信，每一颗宝石都承载着独特的故事，每一次定制都是对美好时光的永恒铭记。从经典钻石到珍稀翡翠，从设计到制作，每一步都凝聚着匠人的心血与智慧。在这里，您将找到那份专属于您的璀璨，让爱与梦想在指尖绽放。

请注意，以上文案为示例性质，实际使用时需根据珠宝店的具体情况（如品牌名称、Logo、地址、电话号码、官方网站等）进行调整。同时，考虑到实际店招的尺寸和展示效果，文案可能需要进一步精简或调整布局，以确保信息的清晰传达和视觉的吸引力。

内容过于复杂，请适当精简，尽量控制在50字以内。

★高端珠宝定制，尊享唯一★
每一宝石，独特故事
定制专属，铭记珍爱

利用文心一言生成的店招文案简洁明了，彰显珠宝店的华贵气质，而且将"珠宝"和"珍爱"联系起来，为店铺赋予了比较深厚的情感意义，同时具有营销的噱头。

▶ **步骤03**

利用文心一言，辅助用户生成店招的AI图片提示词。

请帮我提供珠宝店店招图片的AI提示词。

钻石、翡翠、宝石争奇斗艳，切割工艺精湛，折射出五彩斑斓的光芒，让人感受到潮流时尚的气息与奢华的魅力。

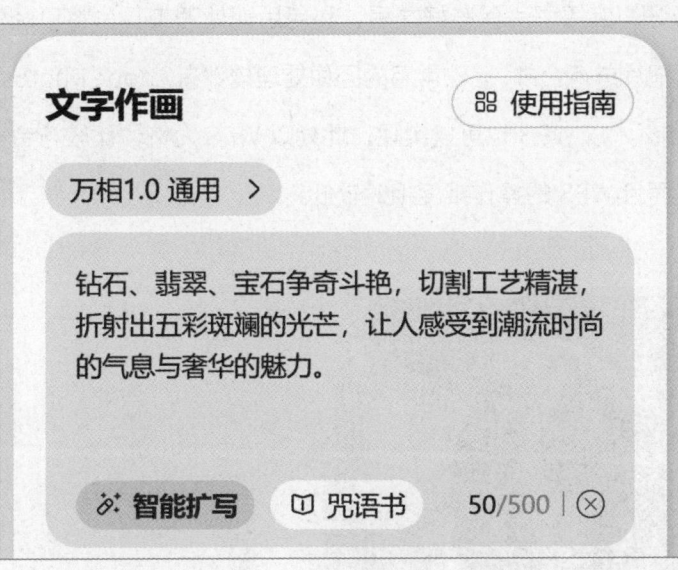

图 7-5 店招图片提示词

见图 7-5，使用文心一言所生成的珠宝店店招图片 AI 提示词，在通义万相的创意描述框内输入："钻石、翡翠、宝石争奇斗艳，切割工艺精湛，折射出五彩斑斓的光芒，让人感受到潮流时尚的气息与奢华的魅力。"

图 7-6 店招图片

通义万相中输入提示词后,生成了四张店招图片,用户对店招图片进行自由选取,见图 7-6。若不满意,可重新生成,或适当修改提示词;若满意,选择其中某张点击下载即可(在此使用左上角的店招图片)。

▶ 步骤 04

将选择好的店招图片保存好之后,利用后期处理工具,将已经生成的店招文案和店招图片进行合并,比较常用的图像处理软件有 Adobe Photoshop、剪映、Visio 等,当然,以 WPS 也可以实现,此处以 WPS 为例,比较符合多数用户的使用倾向,而且 WPS 的操作难度相对较低。

图 7-7 插入店招图片

点击插入、图片、本地图片,找到预先下载保存的店招图片,点击确定,见图 7-7。

图 7-8 店招呈现

将店招图片和店招文案组合起来，选择合适的艺术字和组合方式，形成店招图文的最终版，见图 7-8。

写在最后

在本书《AI营销：人工智能助力销售破局》中，全面探讨了人工智能如何革新当前的营销策略，并且系统地介绍了利用AI技术提升市场营销效能的具体方法。通过丰富的实操指南和生动的案例分析，本书为营销专业人士提供了一套全新的营销支持方案，也为对AI营销感兴趣的学者和学生们开辟了思考营销的新路径。

从基础的概念解释到具体的操作技巧，本书为读者呈现了一个多维度的AI营销世界。我们看到了AI如何在不同的环节中发挥作用，如文案撰写、市场分析、促销策略制定、海报和视频的创制，乃至店招设计。

AI技术正在成为营销领域的一股不可忽视的力量。它改变了传统营销的运作方式，提高了营销活动的效率和精确度，使企业能够更好地理解和满足消费者的需求。

面对这一切，我们必须认识到，掌握AI技术并将其有效融入营销策略中，不仅仅是提升竞争力的手段，更是现代营销人必须具备的核心能力。

未来，AI的营销应用将持续深化并拓展到更多未被充分利用的领域。随着技术的进步，我们预见到更加智能的营销解决方案将不断涌现，这将进一步促进业务的增长和创新。因此，现在是时候开始深入实践AI营销，以便在未来的市场竞争中抢占先机。